Werner Ablass

DAS SCHICKSAL IST ALLES

Werner Ablass

Das Schicksal ist alles

Maximale Erfüllung deiner
spirituellen, ideellen und materiellen Ziele durch
die radikale Befreiung vom illusionären Eindruck
persönlicher Täterschaft

1. Auflage Juli 2017

Copyright© 2017 by Werner Ablass Session & Event

Lektorat: No One

Umschlaggestaltung: Creativ Season, Inh. Eva-Maria Kettner
www.creativ-season.de

Korrekturen, Formatierung, Endfertigung: Albert Eisenring, Suisse

ISBN: 9783942634144

Druck: Books-on-demand GmbH, Norderstedt

info@wernerablass.de

www.wernerablass.de

Ich widme dieses Werk meinem spirituellen Meister
Ramesh Balsekar,
in dessen Präsenz das geschah,
was in vielen spirituellen Traditionen
- insbesondere Advaita, Zen, Dào -
als Erleuchtung oder Erwachen bezeichnet wird.

Ramesh diente der Totalität als perfektes Instrument,
um in dem Körper-Geist-Organismus,
der auf den Namen Werner Ablass reagiert,
die Illusion persönlicher Täterschaft
zu entdecken und zu deaktivieren.

Inhalt

Vorwort zum Inhalt

Seit ich im Sommer 2004 von meinem vierzehntägigen Besuch bei dem Advaita-Meister Ramesh Balsekar in Mumbai zurückgekehrt war, in dessen Präsenz das geschah, was traditionell als spirituelles Erwachen oder Erleuchtung bezeichnet wird, ich jedoch weitaus lieber als Desillusionierung bezeichne, lehre ich unentwegt, was in diesem Buch präziser als in den 19 vorhergehenden niedergelegt ist.

Meine lebenslange Suche auf vielen Feldern des menschlichen Lebens war anschließend Geschichte. Und kein einziger Wunsch, den ich hegte, blieb offen! Ich kam mir vor wie in einem Märchen. In Wahrheit aber war es das Ende des Märchens, das ich Jahrzehnte für Realität hielt.

Ramesh Balsekar unterscheidet sich ebenso **wenig** wie **diametral** von Werner Ablass. Was die „Lehre" betrifft, unterscheiden sie sich nicht um ein Jota. Was ihren sprachlichen Ausdruck und die Übermittlung der Lehre betrifft, unterscheiden sie sich teilweise diametral.

Übrigens plapperte auch Ramesh Balsekar nicht einfach nur nach, was er von seinem Meister Nisargadatta Maharaj hörte, wofür er von manchen seiner Besucher kritisiert wurde. Aber auch Maharaj steckte dieselbe Kritik ein, weshalb er einmal sagte: „Viele meiner Kollegen mögen nicht, was ich sage, weil ich nicht nachplappere, was mein Guru zu sagen pflegte".

Ein Meister plappert nie einfach nur nach, was sein Meister ihn lehrte!

Wolfram Umlauf, der Gründer und Direktor von Jetzt-TV[1] sagte in einem Interview, das er im Jahr 2010 mit mir führte: „Ich sehe dich als den spirituellen Erben von Ramesh Balsekar für den deutschsprachi-

---

[1] Jetzt-TV ist seit November 2006 online und hat sich mittlerweile mit über 2000 Videos und Filmbeiträgen zu einem echten Archiv für Leben aus Weisheit und Meditation heraus entwickelt. Jetzt-TV hat monatlich über 10 Tausend Besucher und über 50 Tausend Seitenabrufe. www.jetzt-tv.net

gen Raum", worauf ich antwortete, was ich noch immer antworten würde: „Ich kann mich sicherlich nicht auf eine Ebene mit ihm stellen, aber zwei ganz wesentliche Punkte, die er lehrte, lehre ich auch:

1. Es gibt keinen Täter, nur Taten!

2. Das Leben ist ein Spiel und letztlich Illusion!

In diesen beiden Sätzen ist die Essenz von Advaita bzw. nondualen Bewusstsein, meines Wirkens und auch die dieses Buches zum Ausdruck gebracht. Sollte sein Inhalt nicht nur den vordergründigen Mind, sondern die tiefere, intuitive Ebene des Geistes erreichen können, wird er totsicher zum gleichen Ergebnis führen wie bei mir und all jenen, denen das ultimative Verstehen geschenkt wurde: Maximale Erfüllung der spirituellen, ideellen und materiellen Ziele plus einer irreversiblen inneren Stabilität, die der Verstand nicht zu fassen und an der er noch nicht einmal zu kratzen vermag.

Das Werk beginnt im ersten Kapitel mit der Darstellung einiger, insbesondere in spirituellen Kreisen empfohlener Konzepte, die in der Praxis nicht nur nicht funktionieren, sondern im Gegenteil unbrauchbar und kontraproduktiv, manchmal auch närrisch sind.

Im zweiten Kapitel geht es um die Suche nach spiritueller, ideeller und materieller Erfüllung, die mit der Desillusionierung und Deaktivierung des Eindrucks persönlicher Täterschaft radikal endet.

Das dritte Kapitel befasst sich mit dem entscheidenden und wohl auch auffälligsten Ergebnis in der Wahrnehmung derer, deren Geist vom illusionären Eindruck persönlicher Täterschaft befreit ist.

Im vierten Kapitel geht's um mehrere praktische Ergebnisse dieser Befreiung im alltäglichen Leben, wobei innere Stabilität die wichtigste ist.

Und im fünften und letzten Kapitel erfährst du, in welche Mindfuck-fallen man insbesondere während der Dekonditionierungsphase nach der Desillusionierung zu geraten vermag.

Jedes Unterkapitel - außer jene im letzten Kapitel - beginnt mit einem Zitat meines Meisters. Nachzulesen in seinen Büchern: „Kein Weg, kein Ziel, nur Einheit", „Erleuchtende Gespräche", sowie „Die eine Wahrheit".

Vorwort zum Titel und Stil

Manch ein Leser aus der Advaita[2] bzw. Satsang-Szene mag sich über den Titel „Das Schicksal ist alles" wundern. Schon weil ein Buch, das auf dem Lehrkonzept Ramesh Balsekars basiert, eher den Titel „Bewusstsein ist alles" tragen sollte, ein Satz, den dieser in jedem seiner Meetings mindestens einmal, meistens öfter als einmal aussprach.

Genauso sollte der Titel des Buches ursprünglich lauten, als ich das Manuskript zu schreiben begann. Doch urplötzlich erschien mir der markante Satz „Das Schicksals ist alles" als Titel für dieses Buch ebenso und eigentlich sogar noch besser geeignet.

Bewusstsein ist alles verweist ja lediglich darauf, dass ohne Wahrnehmung kein einziges Objekt erscheinen könnte. Ohne Bewusstsein können wir ja nicht einmal beweisen, dass dem so ist! *Bewusstsein ist alles* verweist natürlich ebenso darauf, dass Menschen nur Erscheinungen im Bewusstsein sind und mitnichten selbstbestimmte, mit eigenem Willen begabte Geschöpfe. Weil aber die Intention dieses Buch vor allem die ist, den Eindruck persönlicher Täterschaft als Illusion bloßzustellen, erschien mir der Begriff „Schicksal" noch geeigneter.

Warum nicht „Alles ist Schicksal"? Dieser Titel wäre freilich auch denkbar gewesen. Doch mit dieser Formulierung läge der Fokus auf den Geschehnissen und nicht auf dem Schicksal. Meine Intention mit dem Titel ist jedoch nicht allein darauf zu verweisen, dass alles was geschieht schicksalhaft ist, sondern vielmehr noch darauf, dass alles, was geschieht nichts anderes <u>ist</u> als das Schicksal. Und das im Grunde genommen überhaupt nichts anderes existiert als das Schicksal. Wobei das Wort Schicksal in meiner Wahrnehmung synonym ist mit Begriffen wie Bewusstsein, Gewahrsein, Dem-was-wahrnimmt, Absolute Wahrheit, Noumenon, Urgrund, das Namenlose, Dào, Gott, Shakti,

---

[2] **Advaita** (Sanskrit: अद्वैत) ... bedeutet nichtdualistisch; Nichtdualität, Nichtzweiheit. In der indischen Philosophie steht Advaita für eine nichtdualistische Sichtweise... Hier wird im Gegensatz zu dualistischen Anschauungen nur eine letzte Wirklichkeit, ein absolutes Prinzip anerkannt... (Wikipedia)

Quelle, Subjekt, Brahman, Buddha-Natur, Shunyata, Leere, Nichts, Nicht-Selbst, Selbst, Ich-Ich, wahre Natur, kosmisches Gesetz, Zero-Point-Energy, All inclusive Christ, oder schlicht DEM. All diese Begriffe verweisen auf die namenlose Essenz dessen, was das Universum in Wirklichkeit ist und was das Erscheinen der phänomenalen Welt in jedem Aspekt ermöglicht.

Der ein oder andere Leser mag sich an Wiederholungen stoßen. Diese sind jedoch unvermeidlich, und der aufmerksame Leser wird sicher bemerken, dass der Kontext zumeist ein anderer ist.

Dieses Werk wurde nicht professionell lektoriert, sondern lediglich redigiert. Das Risiko, durch den Einsatz eines Lektors ohne innere Klarheit in meiner doch sehr speziellen und volkstümlichen Ausdrucksweise verwässert oder abgemildert zu werden, erschien mir weitaus größer als das Risiko einiger stilistischer und grammatikalischer Fehler, die dem im Lesen deutscher Literatur geübten und aufmerksamen Leser trotz meines Bemühens zu korrekter Formulierung und Rechtschreibung sicherlich auffallen werden. Ich bitte um Nachsicht!

Einleitende Worte

Wenn der Zuhörende gleichsam suspendiert bleibt und sich nicht ins pure Zuhören einmischt, bekommt der relative, geteilte Geist keine Gelegenheit, seiner natürlichen Vorliebe nachzugehen und sich mit umständlichen Auslegungen der Worte zu befassen – er kommt nicht dazu, die Dinge in Objekte zu verwandeln, wie er es sonst ständig tut. So wird der ganze, geeinte Geist in die Lage versetzt, in direktem Austausch mit dem Sprechen und dem reinen Zuhören bleiben – und das ist es, was den „Yoga der Worte" ausmacht, in dem die Worte ihren innersten Sinn und ihre innersten Bedeutungsnuancen preisgeben.

In einem meiner Events saß einmal ein Herr, der mir am Ende folgendes Feedback gab: „Ohne dich kritisieren zu wollen - du hast heute sehr, sehr viel geredet und nun bin ich einfach nur sehr, sehr müde!"

Weshalb erschien es all den anderen Teilnehmern so, als hätten sie von der Quelle getrunken und fühlten sich am Ende erfrischt? Ich komme in meinem „Teaching" während eines Event sozusagen vom Hölzchen zum Stöckchen. Da mir die verschiedensten Fragen gestellt werden, kann ich zumeist nicht umhin, die ganze Bandbreite der Advaita-Philosophie ins Spiel zu bringen. Unterfüttert freilich noch mit Beispielen und Storys aus meinem oder dem Leben anderer.

Im Unterschied zum „Yoga der Stille" ist mein Dienst vor allem ein „Yoga der Worte"! Und wenn sich dein Geist diesem kraftvollen Yoga zu öffnen vermag, wird es in dir schließlich dermaßen still, wie du es zuvor womöglich in keinem Stille-Retreat erlebt hast. Weil meine Worte der Stille entspringen. Sie kommen zwar aus meinem Mund, jedoch nicht aus meinem Mind. Und treffen sie daher auf den konditionierten Mind und finden keinen Durchlass in tiefere Verständnisebenen, müssen sie ihn freilich ermüden. Es sind in der Regel Mindcrasher, und welcher Mind hätte schon Vergnügen an einem Unfall! Daher blockiert er und Blockierung macht müde bis hin zur Erschöpfung.

Wenn ich einen meiner Teilnehmer Block und Kugelschreiber zücken sehe, sage ich oft: Lass es, es bringt nix, dir Notizen zu machen, um dich später an meine Worte erinnern zu können. Wenn sie während des Zuhörens nichts mit dir machen, haben sie ihre Wirkung verfehlt!

Der konditionierte Mind vermag von einem bestimmten Punkt an nicht mehr zu verstehen, was an Worten aus mir herausfließt. Das gilt übrigens nicht nur fürs Sprechen, sondern auch hier fürs Lesen. So dass man sagen könnte: Wenn du dieses Buch liest, ist es in deiner Wahrnehmung entweder ein „Yoga der Worte", der deinen Geist erfrischt und im besten Fall desillusioniert (bzw. erleuchtet) oder er wirkt derart ermüdend bzw. anstrengend auf dich, dass du das Buch, je nach Typus, entweder gelangweilt weglegen oder im Zorn an die Wand werfen wirst.

Meine Worte sind Geist und sind Leben! Das habe nicht ich, das hat Jesus gesagt. *Der Buchstabe tötet, der Geist gibt das Leben*, sagte einer seiner Nachfolger. Weise Worte, recht ungewöhnlich übrigens, dass wir sie in der Bibel finden. Du wirst den Inhalt dieses Buches, das anders als das eben erwähnte archaische Buch, insbesondere auf die absolute Wahrheit verweist, nur verstehen, wenn sich dein Geist zu öffnen vermag. Wenn also mein Geist und dein Geist, der letztlich der eine Geist ist, korrespondieren. Wenn dein Geist aufzunehmen vermag, was du hier lesen wirst – wobei er den Mind zwar benutzt, jedoch eher so, wie man Messer und Gabel zum Essen benutzt – wirst du meine Worte als Speise und Trank genießen und daher im Geiste satt werden. Wenn es dir gegeben ist, könntest du sogar von ihnen durchsättigt werden. Ramesh Balsekar hat, wenn er lehrte, öfter das Wort „Verstehen" benutzt, er meinte jedoch mitnichten nur intellektuelles Verstehen. Es ist zwar keineswegs unnütz, jedoch längst nicht so durchdringend und wirksam wie das, was man intuitives Verstehen nennen mag.

Dein Mind könnte so außergewöhnlich auffassungsstark sein wie der eines Savant, also einen Menschen mit einer sogenannten Inselbegabung; hinsichtlich der Wahrheit ist nicht einmal die schärfste intellektuelle Auffassungsgabe, sondern nur die Wahrheit imstande, sich (sozusagen) selbst zu erfassen.

Dagegen mag selbst ein einfach gestrickter Mensch, in manchen Fällen sogar ein Kind im Vorschulalter, ohne auch nur darüber nachdenken zu müssen, den Inhalt mit Begeisterung abnicken können. Schlicht deshalb, weil es ihm gegeben ist, seinen Geist zu öffnen, anstatt mit seinem begrenzten Denkorgan die höchste Wahrheit „verstehen" zu wollen. Das wäre nicht nur unmöglich, sondern auch lächerlich! Ich bin ein gewöhnlicher Mensch. Doch ich kann unmöglich verleugnen, dass der Geist der Wahrheit Besitz von mir ergriff. Sodass ich letztlich nur der virtuelle Autor dieses Buches bin. Der *Geist der Wahrheit* ist übrigens nicht, was man als Wahrheit bezeichnet. Denn wie bereits erwähnt tötet der Buchstabe, selbst wenn mit ihm korrekt formuliert wird, nur der Geist macht lebendig.

Nun würde ich jedem meiner Leser natürlich am liebsten empfehlen: Öffne beim Lesen deinen Geist anstatt dein begrenztes Denkwerkzeug einzusetzen, das den plumpen und nutzlosen Versuch unternehmen wird, meine Worte zu kategorisieren und mit denen anderer Advaita-Lehrer zu vergleichen! Ich tue dies nicht in der Gewissheit, dass es ohnehin geschehen wird, wenn es geschehen soll und auf keinen Fall geschehen wird, wenn es verhindert werden soll. Und wenn du imstande wärst vollständig zu erfassen, was mit dem letzten Satz angezeigt ist, müsstest du dieses Buch gar nicht erst lesen. Es sei denn, es würde dir schlicht Freude bereiten. So wie es mir große Freude gemacht hat, der Quelle als Instrument dieser Niederschrift zur Verfügung stehen zu dürfen.

Sela![3]

---

[3] **Sela** (hebräisch סֶלָה) ist ein oft wiederkehrendes Tonzeichen in den Psalmen des Alten Testaments. Es wird interpretiert als Angabe eines Ruhepunktes im Gesang, bzw. als Schlusszeichen einer Strophe. (Wikipedia) Ich verwende es jeweils zum Abschluss eines in sich geschlossenen Textes. Es hat ansonsten keine Bedeutung.

Komplett unbrauchbare, kontraproduktive und närrische Konzepte

Das Nützlichste was ich fürs Leben lernen kann ist alles zu verlernen was nicht wahr ist.

Aristoteles

Um dir selbst als der einen und einzigen Wirklichkeit zu begegnen, müssen nur alle Unwahrheiten und Lebenslügen aufgedeckt werden, so dass sie ohne Anstrengung von dir abfallen können wie herbstliches Laub von den Bäumen.

Werner Ablass

Abschied vom Egokiller

Jeder (spirituelle Lehrer) behauptet, das Ego sei das Problem! Man braucht also nichts weiter zu tun als das Ego aufzugeben. Doch niemand kann Ihnen sagen wie sie das Ego aufgeben können. Denn sie sind das Ego. Das Ego wird nicht Selbstmord begehen.

„Du bist doch ganz und gar Ego", wurde mir schon öfter vorgeworfen. Und ich antworte darauf frank und frei: Na klar doch, was sonst? Wenn ich ab und zu bei „Kollegen" reinschaue, respektive ihre Talks oder Bücher, fällt mir auf, dass die allermeisten das Ego als Hindernis darstellen.

Das Ego verhindert Erleuchtung, das Ego verhindert spirituelles Wachstum, das Ego verhindert Transformation, das Ego verhindert, dass die Erkenntnis aus dem wahren Selbst in den Geist vordringen kann. Daher muss das Ego sterben. Oder zumindest gehörig transformiert werden.

Ich kenne nur einen einzigen (kompetenten) Advaita-Lehrer, Ramesh Balsekar, der uns radikal das Gegenteil empfiehlt, denn er sagt: Akzeptiere das Ego! Und diese Empfehlung hat folgenden einleuchtenden Grund:

Ego ist Quelle in ihrer Manifestation als menschliches Wesen

Daher: Wenn du das Ego loshaben willst, willst du, freilich ohne es zu wissen, die Quelle loshaben. Und das ist unmöglich, denn ohne Quelle existierte kein Ego.

Was genau ist denn das Ego? Genau besehen gibt es überhaupt keins. Es gibt nur die Quelle in ihren zahllosen Erscheinungsformen, eine davon wird als Ego bezeichnet. Versuche in deinem Organismus ein Ich zu finden und du wirst zweifelsfrei scheitern. Mehrere Ichs magst du wohl finden, doch sie als (m)ich zu bezeichnen, macht keinen Sinn, schon deshalb, weil es so viele sind!

Was du finden wirst, wenn du in dir nach einem Ich suchst, sind verschiedene Impulse, Affekte, Affinitäten und Stimmen. Die einen sagen so, die anderen so. Sie können sich gegenseitig bestärken und gegenseitig bekriegen. Sie können eine gepflegte Konversation führen oder sich zanken.

Was du darüber hinaus finden wirst sind sogenannte helle und sogenannte dunkle Seiten. Ein pseudospirituelles Ego-Spiel ergab sich daraus. Man nennt es Schattenarbeit. Sind die Schatten erkannt, beispielsweise Angst, Scham, Trauer, Wut – versucht man sie aus einer anderen Perspektive zu betrachten und wirksame Techniken oder Therapien einzusetzen, die dabei helfen sollen, die Energie des Schattens wieder zu erlangen und nutzbar zu machen. Vertreter der Schattenarbeit glauben, dass die Schatten ohne Schattenarbeit verdrängt werden bzw. bleiben und uns blockieren. Es gibt sogar spirituelle Lehrer, die das sogenannte spirituelle Erwachen nur für den Beginn spirituellen Wachstums halten, das ohne Schattenarbeit stagniert oder gar rückläufig ist.

Ich frage mich was diese Lehrer unter Erwachen verstehen?

> Aus meiner Sicht bedeutet Erwachen oder Erleuchtung
> klar zu erkennen, dass es zwar Handlungen,
> jedoch keinen Handelnden gibt

Und ist man von dieser Wahrheit durchdrungen, „kann" ich nichts mehr in mir verdrängen, ich vermag mich nämlich für keinen meiner Anteile mehr schuldig zu fühlen oder zu schämen. Zorn, Trauer, Angst und andere eindrucksvolle Emotionen sind dann in deiner Wahrnehmung lediglich Naturereignisse wie Blitzschlag, Starkregen, Hagel, Überschwemmung oder Erdbeben. Freilich ohne einen, der für sie verantwortlich ist und folglich auch ohne einen, der sich ihretwegen anklagen könnte. Ich muss sie und kann sie aus diesem Grund auch nicht verstecken, das müsste ich nur, wenn ich glaubte, „ich" wäre verantwortlich für ihr Erscheinen.

Wird das radikal, also ohne Wenn und Aber, erkannt und akzeptiert, gibt's kein an-sich-arbeiten mehr! Es erschiene einem ebenso lächerlich wie das Putzen eines bereits im Sonnenlicht blinkenden Chromteils. Der Schatten wird ebenso akzeptiert wie das Licht. Und selbst die Akzeptanz ist kein Tun, sondern auch ein Ereignis. Letztlich nichts als das Ergebnis klaren Sehens, dass es keinen Handelnden gibt.

Der Charakter in seiner Grundbeschaffenheit ist nicht veränderbar! Ein sogenannter Egozentriker[4] führt nach dem sogenannten Erwachen weiterhin ein eher selbstbezogenes Leben und einem sogenannten Altruisten[5] liegen nach dem sogenannten Erwachen andere weiterhin mehr am Herzen als das eigene Wohlbefinden. Findet das sogenannte Erwachen mit einem Egozentriker statt, wird er deshalb kein Altruist. Findet es mit einem Altruisten statt, wird er sich natürlich weiterhin mehr um andere kümmern als um sein eigenes Wohlergehen.

Durch die Brille traditioneller Betrachtung wirkt ein sogenannter erwachter Altruist freilich „erwachter" als ein sogenannter erwachter Egozentriker. In Wahrheit tun beide nichts. Sie tun und sind schlicht das, was in ihnen angelegt ist oder anders formuliert, was ihr internes Programm vorgibt.

Das sogenannte Ego ist auch, was man als Charakter bezeichnet. Und Charaktere unterscheiden sich bekanntlich genetisch. Kennst du nicht auch Menschen, die äußerst sanftmütig, demütig und bescheiden auftreten, ohne jemals etwas von Erwachen oder Erleuchtung auch nur gehört zu haben? Ich schon. Auch ein Atheist befindet sich unter ihnen.

---

[4] Egozentrik (zu Griechisch/lateinisch: ego = ich und centrum = Mittelpunkt) bezeichnet die Eigenschaft des menschlichen Charakters, sich selbst im Mittelpunkt zu sehen. (nicht zu verwechseln mit Egoismus) (Wikipedia)

[5] Altruismus (lateinisch alter ‚der Andere') bedeutet in der Alltagssprache „Uneigennützigkeit, Selbstlosigkeit, durch Rücksicht auf andere gekennzeichnete Denk- und Handlungsweise (Wikipedia)

Mit dem Ego gibt's daher überhaupt kein Problem. Problematisch sind vielmehr zwei völlig absurde, jedoch in vielen Fällen äußerst hartnäckige Vorstellungen:

1. Das Ego sei ein Problem oder gar das Problem schlechthin. Denn daraus entsteht der Versuch es einzufangen oder zu killen oder an seinen Schattenseiten zu arbeiten und es dadurch zu transformieren. Vergebliche Liebesmüh. Vertane Zeit und Energie.

2. Der Eindruck persönlicher Täterschaft! „Ich bin der Denker meiner Gedanken, der Entscheider meiner Entscheidungen, der Täter meiner Taten". Und alle anderen Menschen freilich ebenso. Aus diesem konditionierten Glauben entstehen die meisten Probleme, weil sie Selbstanklagen und Schuldzuweisungen generieren. Darüber hinaus, je nach Veranlagung, Selbstverachtung oder Selbstüberschätzung. Ebenso Zukunftsangst und/oder manchmal sogar lebenslang nicht gelingende Vergangenheitsbewältigung.

Sela!

Du kannst jedes Ziel erreichen!

Erleuchtung kann nicht geschehen, solange es einen Suchenden gibt.

(Das Eingangszitat lässt darauf schließen, dass es in diesem Text um Erleuchtung geht. Ich benutze es jedoch als Aufhänger, um ein Prinzip aufzuzeigen, das für absolut jedes Lebensfeld gilt.)

Wieso kann Erleuchtung nicht geschehen, solange es einen Suchenden gibt? Nun, weil es der Suchende ist, der die Erleuchtung respektive den natürlichen Zustand verhindert. Das ist vermutlich eine der größten Paradoxien. Ebenso paradox wie das Phänomen, das Licht gleichzeitig als Welle und Teilchen erscheint. Ohne Suche nach Erleuchtung kann sie sich nicht ereignen, obgleich dies manchmal der Fall zu sein scheint. Und doch ist der Suchende das einzige Hindernis, um erleuchtet zu werden!

So schwer wie dies auf den ersten Blick zu verstehen zu sein scheint, ist dieses Prinzip jedoch nicht zu verstehen und zwar deshalb, weil es zwar Suche, jedoch keinen Suchenden gibt. Daher hat es nur den Anschein, als würde der Mensch zu suchen beginnen.

Überprüfe einmal, wie es zur spirituellen Suche kam und du wirst feststellen, dass ein innerer Impuls dazu führte. Kannst du wirklich behaupten, „du" hättest dich selbst „impulsiert"? (Dies ist freilich ein Kunstwort). Du wirst es nicht können! Weil sie ebenso begann wie beispielsweise die Suche nach Reichtum, Gesundheit, Erfolg, Karriere, der großen Liebe, whatever.

Warren Buffet, der Multimilliardär mit einem geschätzten Vermögen von 62 Milliarden Dollar im Jahr 2016, hatte schon als Kind nur ein Ziel, schreibt sein Biograf Roger Lowenstein, den alles beherrschenden Wunsch sehr, sehr reich zu werden.

Hatte „er" diesen Wunsch?

Den Entschluss Schauspieler zu werden, fasste Jack Nicholson schon als kleiner Junge.

Fasste „er" den Entschluss?

Weder Buffet noch Nicholson fassten einen Entschluss, wünschten sich Reichtum oder Erfolg! Ihrem Organismus *widerfuhr* vielmehr schon in der Kindheit ein starker Impuls, gegen den sie völlig chancenlos waren. Dieser Impuls setzte sie auf jeweils die Schiene, die beide schließlich genau dort ankommen ließ, wo sie ankommen sollten, und zwar schon bevor sie das Licht der Welt erblickten.

Wer kennt nicht den geilen Spruch der Realitätsgestalter: Du kannst jedes Ziel erreichen! Was dir im Weg steht sind nur deine selbst gesetzten Grenzen.

Nun, gänzlich unrecht haben sie nicht! Denn grundsätzlich kann freilich jeder reich werden, jeder erfolgreich sein, jeder gesundwerden und bis ins hohe Alter gesundbleiben, jeder die große Liebe erfahren. Und es sind freilich die *selbstgesetzten* Grenzen, die diese Erfahrungen verhindern!

Die entscheidende Frage ist nur:
Setzt du dir die Grenzen? Erweiterst du sie?
Gibt es „dich" wirklich?
Dich als den Bewohner und Regent deines Körperhauses!

Warren Buffet hatte die Vision reich zu werden. Daran hielt er fest. Und das war das Geheimnis seines Erfolgs! Wenn du es ihm gleichtust, wirst du auch so reich werden wie er. Behaupten Lehrer der Schule des positiven Denkens, wenn man ihr heute auch andere Namen gibt wie Matrix-Energie, Transsurfing oder The Secret, die Prinzipien sind genau die, wie sie Dr. Joseph Murphy schon vor fünfzig Jahren in dem Weltbestseller „Die Macht des Unterbewusstseins" niederlegte.

Klingt logisch, nichtwahr?

Du machst es Warren Buffet oder Jack Nicholson einfach nach und erntest den gleichen Erfolg! Im NLP nennt man das Modelling. Der Prozess des Modelling (auf Deutsch: Modellbildung, modellieren, formen) analysiert und beschreibt die Muster einer spezifischen menschlichen Fähigkeit und überträgt sie in eine Sequenz von lehrhaften Erfahrungen, die, wenn in gleicher Sequenz befolgt, sich in jedem Menschen zu jener gleichen Erfahrung installieren lassen.

Nun, ich bin NLP-Master, wandte die Methode selbst an und lehrte sie einer großen Anzahl von Menschen während eines Zeitraums von etwa 10 Jahren in internationalen Unternehmen als externer Trainer in Verkauf und Führung[6]. Das Ergebnis: Einige erreichten ihre Ziele und andere nicht! Quantifizieren kann ich die Ergebnisse leider nicht, dazu fehlen mir die entsprechenden Aufzeichnungen.

Mentaltrainer behaupten: *Die einen haben an ihrer Vision festgehalten oder haben die Technik des Modelling angewandt, und die anderen nicht.* Nun, das glaubte ich früher auch. Heute nicht mehr.

Warum? Nun, weil keiner da ist, der etwas festhalten oder loslassen könnte. Der menschliche Organismus beherbergt kein Ich, das sich für eine mentale Technik entscheiden und an ihr festhalten kann.

> Entscheidungen fallen freilich, den Entscheider jedoch,
> den suchst du vergeblich

Manche Menschen gehen durch „dick und dünn", um ihr Ziel zu erreichen. Nicht einmal Misserfolge halten sie auf. Andere geben schon beim geringsten Gegenwind auf. Doch das liegt nicht an ihnen! Die Ursache beider Verhaltensweisen liegt in ihren Genen, ihrem Charakter, ihrer frühkindlichen Konditionierung und letztlich an ihrer Bestimmung.

Denn das Schicksal ist alles.

---

[6] www.wernerablass.de unter Business

Im Sommer 2005 hielt Steve Jobs seine berühmte Rede an der akademischen Abschlussfeier der Stanford Universität. Folgende Sätze beeindruckten mich: „Ihre Zeit ist begrenzt, also vergeuden Sie sie nicht, indem Sie ein fremdbestimmtes Leben führen. Hüten Sie sich vor Dogmen, denn das heißt nichts anderes, als sein Leben an den Ansichten anderer Leute auszurichten. Sehen Sie zu, dass der Lärm fremder Meinungen nicht Ihre innere Stimme übertönt. Und vor allem: Haben Sie den Mut, Ihrem Herzen und Ihrer Intuition zu folgen. Die beiden wissen schon, was Sie wirklich werden wollen. Alles andere ist sekundär."

Das ist eine Empfehlung, die vermutlich einer Reihe von Zuhörern - und zwar nicht nur den anwesenden Studenten - unvergesslich blieb und sie womöglich auch motivierte, ihr zu folgen. Dem Herz und der Intuition folgen zu können ist zweifellos das Beste, was einem passieren kann! Und es hat freilich immer den Anschein, „dass ich es kann!" Die Lebenserfahrung aber beweist, dass nicht jeder, der daran glaubt es zu können, es dann auch wirklich kann! Und der Grund ist immer der Gleiche:

> Was wir können und was wir nicht können, entscheiden nicht wir,
> sondern das Leben, der Kosmos, die Quelle, Gott, Schicksal -
> bezeichne DAS wie immer du willst,
> denn das kosmische Gesetz als solches
> verändern die Bezeichnungen nicht.

Und wenn dich diese Klarheit erreicht, einnimmt, durchdringt und durchsättigt, sind all deine Wünsche erfüllt, all deine Ziele erreicht und zwar selbst dann, wenn sie sich nicht realisieren oder noch nicht realisierten. Schlagartig! Gleichgültig um welche Wünsche und Ziele es sich handelt.

Warum das so ist? Nun, weil der nach Erfüllung Suchende, der übrigens nie existiert hat, dann auch in der Wahrnehmung nicht mehr existiert. Ausradiert! Als hätte es ihn nie gegeben. Ohne einen Wünschenden mögen zwar Wünsche erscheinen, jedoch keinen mehr, der sie hat und verfolgt.

Wenn wir schon von einem „Erfolgsgeheimnis" sprechen wollen, dann ist es der sogenannte Flow[7]. Der Handelnde erlebt sich nicht mehr als getrenntes, isoliertes Ich, er ist vielmehr eins mit seinem Tun. Man könnte ebenso sagen, dass es im Flow zwar Handeln, jedoch keinen Handelnden mehr gibt. Diese Erfahrung hat jeder Mensch schon mehr als einmal gemacht. In diesem Zustand gelingt uns eine Arbeit immer am besten und effektivsten.

Auch der Flow ist nicht etwas was man erzeugen kann. Er ist vielmehr das Ergebnis, wenn das, was man tut, sich sozusagen von selbst tut. Dabei spielt Anstrengung oder Engagement keine Rolle. Es flutscht sozusagen.

Ich behaupte: Jeder erfolgreiche Mensch handelt als Nichthandelnder. Selbst wenn er glauben mag, sein Erfolg beruhe auf seinem Intellekt, seiner Begabung, seinen Anstrengungen, waren es nicht seine, sondern der Flow, der ihn sozusagen ans Ziel beförderte.

Daher ist das Beste, was dir passieren kann, die Erkenntnis, die Einsicht, die Klarheit – die man Erleuchtung nennen mag oder nicht – dass es keinen Handelnden gibt. Denn dann bist du selbst dann noch im Flow, wenn Langeweile auftreten sollte, ein Ziel nicht erreicht werden- oder ein Wunsch nicht erfüllt werden konnte.

Sela!

---

[7] Der Glücksforscher Mihály Csíkszentmihályi gilt als Entdecker der Flow-Theorie.

Bingo, das Resonanzgesetz funktioniert!

Die Essenz des höchsten Verstehens ist die unausweichliche Tatsache, dass der einzelne Mensch als solcher keinen eigenen Willen hat bzw. haben kann. Aus dem einfachen Grund, weil er kein autonomes Wesen ist, sondern ein verschwindend kleiner Teil der Totalität der Manifestation.

Und wenn das nicht bewusst ist oder aus den Augen verloren wird, kommt unter Umständen die verrückte Idee zustande, Realität nach Gusto gestalten zu können: *So wie man in den Wald hineinruft, so kommt es zurück.* Dieser Spruch ist ja mitnichten falsch. Auch nicht falsch ist, dass Autosuggestion, also die bewusste Beeinflussung des Unterbewusstseins, insbesondere was Heilung angeht, erfolgreich sein kann. Daraus aber zu schlussfolgern, jeder unserer Gedanken sei mit einem entsprechenden Echo verbunden, ist ein gewaltiger Irrtum, und das ist nicht schwer zu beweisen.

Wir müssen uns nur einmal vorstellen, in welchem Chaos die Welt versinken würde, wenn sich jeder Gedanke, der sich in über 7 Milliarden Menschen auf diesem Globus täglich einstellt, verwirklichen würde! Wie viele Morde würden geschehen? Wie viele Banken würden ausgeraubt werden? Wie viele Vergewaltigungen würde es geben? Wie viele Unfälle würden passieren? Wie viele würden im Lotto gewinnen und ihren Job an den Nagel hängen? Sicherlich weitaus mehr als es bereits der Fall ist!

Realitätsgestalter entgegnen: *Nur dann, wenn der Gedanke intensiv genug ist, verwirklicht er sich.* Lassen wir uns mal auf dieses Argument ein und nehmen an, 5 Männer stellen sich intensiv vor, die gleiche Frau zu heiraten. Oder auch: 5 Personen schicken eine Bewerbung an ein Unternehmen und visualisieren intensiv, dass sie eingestellt werden. Kann denn mehr als einer von ihnen die gleiche Frau heiraten oder vom gleichen Unternehmen eingestellt werden? Und womöglich verliebt sich die Frau sogar in einen Mann, der sie gar nicht heiraten wollte! Und die Firma entscheidet sich für einen Bewerber, der sich gar keine große Hoffnung auf den Job machte!

Nehmen wir weiterhin an, einer der Werber oder Bewerber kriegt die Frau oder den Job. Je nachdem was er visualisierte. Zu welcher Schlussfolgerung würde er wohl kommen? Bingo, das Resonanzgesetz funktioniert!

Zu welcher Schlussfolgerung würden die Loser wohl kommen? Die Resonanzgesetz-Lehrer jedenfalls würden ihnen sagen, dass es an ihnen liegt.

1. Der Gedanke war nicht intensiv genug.

2. Die Wunschvorstellung wurde nicht mit allen Sinnen – also visuell, auditiv, kinästhetisch, gustatorisch und olfaktorisch - als bereits in Erfüllung gegangen realisiert.

3. Die Vorstellung wurde nicht „wirklich" losgelassen.

Das sind wohl die häufigsten Erklärungsversuche. In Wahrheit jedoch gibt es nur eine vernünftige Erklärung:

1. Nur einer kann das Rennen um eine Frau oder einen Job machen!

2. Und der einzige Grund dafür ist Bestimmung!

Das aber will kaum einer hören! Eigenartigerweise suchen wir die Gründe für ein Versagen weitaus lieber in unseren oder den Fehlern der Anderen. Aber weshalb tun wir das? Weshalb sind wir denn nur so besessen von der Idee, ich oder ein anderes Ich könne oder müsse der Verursacher von Erfolg oder Misserfolg sein?

Der Grund: Kein autonomes Wesen, sondern nur ein verschwindend kleiner Teil der Totalität der Manifestation zu sein, vermag nur einige wenige Individuen zu begeistern! Keinen *eigenen* Willen zu haben und somit nicht viel mehr zu sein als eine Schachfigur, die auf dem Schachbrett des Lebens nach Belieben bewegt wird oder unbewegt bleibt, vermag in den meisten Menschen keine Euphorie auszulösen. Ganz anders dagegen verhält es sich mit der Illusion, ich könne der Gestalter meines Schicksals sein. Dieser Wahnsinn zieht Menschen an wie die Motten das Licht! Und ich gehörte einst dazu!

Ich erlebe immer wieder, wie selbst Menschen, die schon ein gewisses Verständnis der Wirklichkeit in sich tragen, irgendwann wiederum bei einem dieser Realitätsgestaltungsscharlatane landen. Kürzlich schrieb mir eine dieser Personen, es sei schon richtig, dass alles vorherbestimmt sei, wenn man sich aber in die Schwingung eines gewissen Gurus in Indien begebe, würden sich Wünsche erfüllen und das sei dann schließlich auch vorherbestimmt. Die drei Wochen, die sie gebucht habe, würden sie zwar 10.000 Euro kosten, doch sie sei überzeugt, dass sich diese Summe am Ende auszahlen würde.

Dann man tau, sagt der Norddeutsche! Was so viel bedeutet wie: Dann mal los! Mach diese Erfahrung! Und schau was dabei rauskommt. Außer Hoffnung auf bessere Zeiten! Außer einem Motivationsschub, der dir die Feder aus der Mütze springen lässt! Und anschließend freilich die Erfahrung des Scheiterns!

Ist es denn falsch Fehlentscheidungen oder Erfolgsstrategien zu analysieren, um daraus zu lernen? Keineswegs, ich empfehle das sogar. Sei dir nur im Klaren darüber, dass Erfolg nicht zwingend auf eine Erfolgsstrategie und Misserfolg nicht zwingend auf eine Fehlentscheidung zurückgeführt werden kann. Analysiere ich meine Fehlentscheidungen, komme ich in vielen, wenn nicht gar den meisten Fällen zu der Schussfolgerung, dass ich ohne sie, allerdings meistens erst später, keinen Erfolg gehabt hätte! Nur eben anders, als ich ihn mir vorgestellt hatte!

Sicher im Leben ist einzig die Unsicherheit

Wenn das aber akzeptiert werden kann – wobei Akzeptanz auf Einsicht beruht und Einsicht wiederum auf Bestimmung – befindest du dich im Flow des Lebens und dieser bewirkt weitaus mehr als alle Methoden der Realitätsgestaltungszene.

Nun magst du argumentieren: Diese Aussage ist doch ähnlich wie die der Person, die Erfolg auf die Schwingung des Gurus in Indien zurückführt! Vielleicht bringt er sie ja in den Flow!

Möglich ist alles! Ich wage es allerdings zu bezweifeln! Denn dieser Pseudoguru lehrt ja offenbar, dass sich Wünsche „durch" den Einfluss seiner Schwingung erfüllen! Er lehrt nicht, dass die Klarheit, keinen eigenen Willen zu haben und nur ein verschwindend kleiner Teil der Totalität der Manifestation zu sein, automatisch in den Flow führt!

Der englische Begriff Flow bedeutet ja letzthin nichts Anderes als Fließen, Rinnen, Strömen. Der Glücksforscher Mihály Csíkszentmihályi betont das Erfordernis, die Erwartung eines Erfolgs der Handlung loszulassen, um frei zu sein von Sorge und der Angst, um sich selbst oder das eigene Ansehen. Alles richtig. Großartige Beschreibung dessen, was Ramesh den „arbeitenden Verstand" nannte. Die Frage ist nur wie man Erwartungen loslässt!

Man kann es nicht! Es ereignet sich, wenn man völlig in einer Arbeit oder einem Wirken, wie ich Arbeit lieber nenne, aufgeht. Dann gibt's in der Wahrnehmung keinen Handelnden mehr. Nur noch Handeln. Das Ziel spielt keine Rolle mehr, auch nicht der Erfolg bzw. das Ergebnis des Handelns.

Was aber, wenn du gerade nicht in einem wie auch immer gearteten „Wirken" aufgehst? Dann bist du raus aus dem Flow. Weil du dann – zumindest in der Wahrnehmung – wieder der Handelnde bist!

Was geschieht aber, wenn dich die Einsicht erfasst, dass es überhaupt keinen Handelnden gibt? Und auch noch nie gab! Nie geben wird! Klar, dann gibt's nur noch Flow. Nur noch Lebensfluss. Selbst wenn das aktuelle Erleben gerade stagniert. Der Geldfluss, die Liebe zum Partner, die Gesundheit, der Job, etc. Denn was auch immer passiert ist dann in deiner Wahrnehmung schlicht das, was passieren muss und zwar nicht anders als genauso wie es gerade passiert! Und du bist nicht mehr sonderlich mit der Suche nach den Gründen beschäftigt. Sondern vor allem mit Möglichkeiten zur Lösung. Nicht krampfhaft jedoch. Nicht um jeden Preis. Sondern intuitiv. Was bietet sich an? Welche Tür ist offen? Welche geschlossen?

Und ist es denn dann noch verwunderlich, dass du weit weniger Chaos, vor allem aber keine Verwirrung mehr erlebst? Auch weit weniger Angst vor drohenden Konsequenzen, wenn sich deine Situation nicht oder nicht sofort ändern sollte? Und was ist das denn anderes als „Loslassen"? Woran solltest du denn festhalten können, wenn klar ist, dass du kein autonomes Wesen bist, sondern ein verschwindend kleiner Teil der Totalität der Manifestation.

Sela!

Ebenso wenig wie es einen Denker gibt, gibt's einen Zeugen

Auf die Frage: „Haben Sie Gedanken" antwortet Nisargadatta Maharaj[8]: Nicht nur Gedanken, sondern auch Emotionen und Wünsche tauchen auf, sie werden jedoch nicht weiterverfolgt, sie werden bezeugt. **Der Verstand kann nur entsprechend seiner eigenen Charaktermerkmale funktionieren. Eine von ihnen war Ungeduld.**

Ebenso wie Gedanken, Emotionen, Wünsche geschehen, geschieht Bezeugen. Alles was geschieht ist ein völlig unpersönliches Geschehen. Denn es gibt ihn ja nicht, den Denker, den Entscheider, den Täter. Er ist ein Luftschloss, das nur in der Phantasie existiert. Doch genau das wird nicht erkannt. Und aus diesem Grund werden die Geschehnisse, insbesondere die, die durch Menschen geschehen, personifiziert.

Selbst Personifizierung ist ein unpersönliches Geschehen. Da ist keiner, der beispielsweise denkt: *ICH habe Schmerzen. MEIN Körper ist kaputt. ICH muss alles dafür tun, damit es MEINEM Körper schnell bessergeht. Mit diesen Schmerzen fühle ICH MICH unwohl, diese Schmerzen müssen weg!*

Vielleicht wirst du erstaunt sein, wenn ich behaupte: Dass sich das denkt ist NORMAL. Zum Problem können solche Gedanken nur werden, wenn noch zu glauben vermocht wird, solche Gedanken denke man selber, obgleich man sie nicht denken sollte, weil sie ein Beweis für Nichtakzeptanz sind! Und selbst das denkt keiner, es denkt sich aufgrund der Konditionierung, es gäbe den Denker dieser Gedanken!

Mein Organismus ist höchst schmerzempfindlich. Wahrscheinlich ohnehin ein Merkmal von Männern. (Behauptet zumindest meine

---

[8] Nisargadatta Maharaj, der spirituelle Meister Ramesh Balsekars, Er wurde vor allem durch das Buch *I Am That* bekannt, eine Sammlung von Gesprächen aus Tonbandaufzeichnungen, das in viele Sprachen übersetzt worden ist.

Frau) Wann immer irgendwo in meinem Körper ein Unwohlsein auftaucht, wird sogleich der Versuch unternommen, es irgendwie mit irgendwas aufzulösen.

Ich bin kein sportlicher Mensch, beginne jedoch nahezu jeden Tag mit gymnastischen Übungen, weil ich auf keinen Fall noch einmal einen Bandscheibenvorfall erleben möchte, der mit intensiven und langwierigen Schmerzen verbunden war. Zwar ist mir bewusst, dass er sich trotzdem ereignet, wenn er sich ereignen soll, doch mein System ist so programmiert, alles zu tun, was in seiner Macht steht, um dies zu verhindern!

Das klingt paradox, und ein Mind, der mit Paradoxien nicht umgehen kann, sagt sich freilich: Wenns passieren soll, passiert es mit oder ohne Gymnastik! Also wozu sollte ich dann überhaupt gymnastische Übungen machen?! Und dem ist grundsätzlich nicht zu widersprechen. Aber schließlich gehe ich auch nicht bei Rot über eine verkehrsreiche Straße, „weil ich ja nur verunfallen kann, wenns determiniert ist!" Solch ein Gedanke wäre kein Beweis für die Dekonditionierung der Ich-Illusion, sondern ein Indiz für Idiotie!

In spirituellen Kreisen wird oft vom sogenannten Zeugen oder Beobachter gefaselt. Ebenso wenig wie es einen Denker gibt, gibt's jedoch einen Zeugen. Der Zeuge ist ebenso eine Personifizierung wie der Denker.

Bezeugen oder Beobachten geschieht ebenso wie Denken geschieht

Hier ist der Knackpunkt! Schmerzen wegbekommen zu wollen ist schlicht ein unpersönlicher Programmpunkt der inneren Software. Würde geglaubt, man müsse Schmerzen erdulden oder sie lediglich als neutraler Beobachter bezeugen, wäre dies schlicht auf eine Desinformation zurückzuführen, die mit der Dekonditionierung persönlicher Täterschaft so viel zu tun hat wie ein Hase mit dem Ostereilegen.

Der wesentliche Unterschied zwischen einem internen Programm, in dem die Vorstellung persönlicher Täterschaft noch aktiv- und einem, in dem sie deaktiviert ist, besteht in der *Wahrnehmung* der entstehenden Gedanken, Emotionen oder Wünsche. Denn während ihrem Erscheinen wird schlicht keiner mehr wahrgenommen, „der" denkt, „der" fühlt, „der" sich was immer auch wünscht.

Der Zeuge ist ebenso wie der Denker das Produkt eines Minds, der von der Vorstellung beherrscht wird, jemand zu sein anstatt niemand. Der Zeuge hat lediglich den Platz des Denkers eingenommen, der Mind ist jedoch weiß Gott nicht depersonalisiert.

Darüber hinaus: Wie sollte das denn im Alltag funktionieren? Spätestens dann, wenn der Organismus in einen Vorgang bzw. eine Aktivität involviert ist, wird der imaginäre Zeuge verschwinden. Und ebenso auch, wenn Schmerzen erscheinen. Sogleich wird die gesamte Energie und Aufmerksamkeit auf den Schmerz fokussiert sein und das interne Programm wird versuchen, ihn „wegzubekommen". Sei es durch Medizin, einen Arzt oder andere Hilfsmittel.

Ist aber klar, dass all dies unpersönliche Ereignisse sind, die überhaupt keinen Denker, keinen Entscheider, keinen Täter und auch keinen Zeugen bedingen, dürfen sie sein und lösen keinen inneren Widerstand oder Widerspruch aus.

Nach meinem Bandscheibenvorfall erschien freilich der Wunsch, möglichst schnell wiedergestellt zu werden, denn meine Beweglichkeit war stark eingeschränkt, hinzu kamen die teuflischen Schmerzen. Und dennoch war ich nicht im Clinch mit der Eingeschränktheit. Das klingt paradox und fürwahr, es ist paradox. Denn der konditionierte Mind stellt sich unter Akzeptanz vor, den Schmerz geduldig zu ertragen und bloß nicht aufzubegehren. Das ist jedoch pseudospiritueller Mindfuck! Denn das KörperGeistSystem ist wie bereits erwähnt auf Schmerzfreiheit programmiert und unternimmt alles, um Einschränkungen und Schmerz loszuwerden.

Nicht du, das System greift Methoden auf, und zwar auch nur deshalb, weil sie schmerzlindernd wirken. Und erst dann, wenn sich der Schmerz bzw. die körperliche Einschränkung nicht durch ärztliche

Behandlung, Handauflegen, Medikamente, Naturheilmittel, Operation, Autosuggestion oder andere Hilfsmittel auflösen lässt, wird nichts mehr unternommen.

Warum sagte denn Maharaj: *Nicht nur Gedanken, sondern auch Emotionen und Wünsche tauchen auf, sie werden jedoch nicht weiterverfolgt, sie werden bezeugt.* Widerspricht diese Aussage nicht deinen Ausführungen?

Oh je, jetzt sitze ich wohl in der Falle...

Nun, wir haben eben nur Worte, um uns auszudrücken. Und in manch einem anderen Kontext würde ich vermutlich ebenso wie Maharaj formulieren, obgleich die Formulierung nicht exakt widergibt, worauf sie verweist. Denn ob ein Wunsch nur *bezeugt* oder auch *verfolgt* wird ist letztlich irrelevant. Was das Leiden beendet ist allein der Wegfall der Vorstellung, „ich" würde Wünsche bezeugen oder verfolgen. Ohne den Wegfall der Ich-Illusion wäre selbst das Nicht-Verfolgen in der Wahrnehmung von „mir" initiiert!

Nur das illusionäre Ich vermag zu leiden. Ein System, das von der Ich-Illusion befreit ist, vermag zwar krank zu werden, Schmerz zu erfahren und alle möglichen Mittel anzuwenden, um sich vom Schmerz zu befreien. Es kann sich jedoch nicht mehr personifizieren und somit ist nie jemand da, der sich vorstellen kann, er sei der Leidtragende, der Wünschende, der Ungeduldige, der Übende, etc. Das ist das Ende des Leidens.

Sela!

Seelen gibt's nur beim Bäcker

Damit in diesem Organismus Evolution geschehen konnte, hat es offensichtlich viele Leben von Organismen gegeben, durch die dieser evolutionäre Prozess geschehen ist. Wenn der Körper stirbt, geht das ganze Bündel von Gedanken. Erinnerungen und Eindrücken in den großen Topf des Bewusstseins. Für das weitergehende Funktionieren bedarf es gewisser Handlungen und Ereignisse. Damit diese Ereignisse geschehen können, werden neue Organismen geschaffen, damit die Taten geschehen können. Taten werden nicht geschaffen, um einen Organismus zu bestrafen oder zu belohnen. Es ist ein inaktiver Organismus, der plötzlich bewusst wird, wenn ihm Empfindungsfähigkeit verliehen wird.

Die Reinkarnationslehre spricht von Seelen, die von einem Körper zum anderen wandern. Seelen[9] gibt's jedoch nur beim Bäcker. Denn der Körper funktioniert nicht ohne Geist und der Geist nicht ohne Körper. Daher gibt es nur Körper-Geist-Organismen, die geboren werden und sterben. Man könnte ebenso sagen: die in der Wahrnehmung erscheinen und wieder verschwinden.

Damit das, was wir Welt zu nennen gewohnt sind, wahrgenommen werden kann, bedarf es eines Apparats, ähnlich dem eines Radio- oder Fernsehapparats. Ohne ihn können die ausgesendeten elektromagnetischen Wellen nicht empfangen und in Ton und/oder Bild umgewandelt werden.

Das Universum ist zwar vollkommen sinnlos, meint: es dient keinem höheren Zweck als der der Erfahrung des Lebens als solchem, ist dabei jedoch durchaus nicht unökonomisch. Daher beginnt es bei der Inszenierung eines frisch geborenen Human Animals sozusagen nicht jedes Mal bei Adam und Eva. Also völlig blank und bar jeder Erfahrung.

---

[9] Die **Seele** ist ein **Baguette artiges** Weißbrotgebäck der schwäbischen Küche aus Dinkel

Insbesondere bei sogenannten Genies wie Albert Einstein, Wolfgang Amadeus Mozart oder auch spirituellen Giganten wie Ramana Maharshi, UG Krishnamurti oder Ramesh Balsekar stellt sich uns doch die Frage, weshalb sie Fähigkeiten besaßen und Informationen empfingen, die den meisten Menschen nicht zugänglich waren und sind.

Ramesh beantwortete die Frage bezüglich Ramana Maharshi folgendermaßen: *Es gab frühere Leben, es muss frühere Leben gegeben haben, in denen die Evolution dieses höchsten Organismus stattfand. Es waren jedoch nicht „seine" Leben.* Und das trifft sicher auch für die anderen oben genannten zu.

Und genau hier liegt der Irrtum der Reinkarnationslehre. Da wandert nicht etwa die Seele von einem Körper zum anderen. Vielmehr wird das Erfahrungssubstrat eines Lebens nach seinem Ableben sozusagen gezippt. Das ZIP-Format ist zunächst ein Datencontainer, in den mehrere Dateien komprimiert oder unkomprimiert gespeichert und auch einzeln entkomprimiert (extrahiert) werden können. Dekomprimiert bzw. entpackt wird es als scheinbar neugeborener Körper-Geist-Organismus sozusagen „hochgeladen".[10] Wobei Bewusstsein nicht zwingend allein auf die „Datei" angewiesen ist, die sich durch den Lebensverlauf, die erworbenen Kenntnisse und Fähigkeiten sowie die Erfahrungen eines einzelnen Organismus ergibt. Es könnten durchaus Komponenten aus anderen Leben „hinzugefügt werden", denn es geht ja niemals um die Fortsetzung eines spezifischen Lebens, sondern stets um die Totalität allen Seins.

Weshalb Menschen von früheren Leben berichten? Teilweise sogar äußerst glaubwürdig, weil Orte, Ereignisse und Menschen, über die sie berichten, tatsächlich als real identifiziert werden konnten? Nun, warum sollte ein historisch tatsächlich stattgefundenes Ereignis nicht erinnert werden können, nur weil es weiter zurückliegt als der Beginn des gegenwärtigen Lebens? Nur der Rückschluss, es könnte sich um „mein" vergangenes Leben ist falsch. Schon deshalb falsch, weil es so

---

[10] Zippen und Hochladen sind freilich Begriffe, die als Metapher dienen.

etwas wie „mein" Leben auch gegenwärtig nicht oder nur in der Vorstellung gibt.

Die Figur, als die du dich gegenwärtig wahrnimmst, ist allein durch Identifizierung des Namenlosen mit dem Körper-Geist-Organismus entstanden, den du „meinen" zu nennen gewohnt bist, und sie dient ausschließlich „dessen", nicht „deiner" Erfahrung. Und ebenso wie Erinnerung aus der Vergangenheit des gegenwärtig existierenden Körper-Geist-Organismus auftauchen kann, können auch Erinnerungen aus Leben auftauchen, die diesem „deinen" Körper-Geist-Organismus vorangingen.

In manchen Gehirnen ist die Erinnerung an vergangene Ereignisse sehr lebendig und plastisch, in anderen ist sie nur teilweise und auch weniger plastisch, wieder in anderen gar nicht vorhanden. Das ist der alleinige Grund dafür, dass die Erinnerung an Ereignisse im Vorleben ebenso variiert wie die Erinnerung an vergangene Ereignisse im gegenwärtigen Leben.

Sela!

Samt und sonders Märchen für den Verstand

So wie die vielfältig glänzenden Federn und Flügel des Pfaus poten-
tiell im Ei des Pfaus enthalten sind, so ist die offensichtliche Verschie-
denheit der phänomenalen Manifestation potentiell im Bewusstsein
vorhanden. Daher ist das manifestierte Universum gleichzeitig dual
und nichtdual, Zeit, Raum, Verstand und Ego haben eine illusorische
Wirklichkeit angenommen, obwohl sie überhaupt nicht erschaffen
wurden.

Die Schöpferhand Gottes. Urknall. Evolution. Samt und sonders
Märchen für einen Verstand, der nur vertikal und horizontal wahrzu-
nehmen vermag und daher eine dementsprechende Antwort auf die
Frage braucht, wann, wie und durch wen oder was diese ungeheure
Vielfalt hervorgebracht werden konnte. Dabei ist es so überaus ein-
fach:

Es gibt überhaupt keinen Anfang
Und es gibt daher auch keine Schöpfung. Und keinen Schöpfer
Und deshalb sind sowohl die Schöpfungsgeschichte
als auch Urknall und Evolution Märchen

Außer wir sehen Evolution wie die Entwicklung eines Pfaus und den
Urknall wie die Sprengung der Schale durch das was in ihm bereits an
Lebendigkeit drin ist!

Ohne Bewusstsein – und das ist keine Behauptung – ist die Welt
nicht vorhanden. Gegner setzen dem entgegen: Unsinn, wenn ich
schlafe oder sterbe, ist die Welt doch noch immer vorhanden! Stimmt,
jedoch nur im Bewusstsein all derer, die sie wahrnehmen, weil sie
weder schlafen noch starben. Ist niemand vorhanden, der wahrnimmt, existiert natürlich auch keine Welt.

Wann immer ich mir einen Natur- oder Tierfilm ansehe, erscheint
der Gedanke: Was für eine faszinierende Vielfalt der Formen und

Farben! Und wenn ich dann die Erklärungen für diese Vielfalt höre oder lese, muss ich stets lachen. Charles Darwin erläutert in seinem Buch „Über die Entstehung der Arten" die Ursachen der Entwicklung der Lebewesen - auf den Punkt gebracht: *Pflanzen und Tiere befinden sich in einem dauernden Konkurrenzkampf um Nahrung und Lebensraum. Diejenigen mit den besseren Eigenschaften bestehen diesen Kampf und können sich fortpflanzen. Auf diese Weise verändern sich allmählich die Lebewesen, und es entstehen neue Arten.*

Die verschiedenen Arten benötigen zu ihrer Entstehung und Entwicklung keinen Konkurrenzkampf, obgleich es ihn freilich gibt. So wie der Pfau schon im Ei das gesamte Potential seiner vielfältigen Farbenpracht in sich trägt, beinhaltet das Namenlose die Existenz und Vielfalt der Welt. Und sobald es aktiv ist oder anders formuliert, sobald wahrgenommen wird, ist sie da, diese Welt. In weniger als einer Millisekunde.

Keine Frage, dass sie sich andauernd wandelt. Wandel ist eins ihrer vorrangigen Kennzeichen. Aus Frühling wird Sommer, aus Sommer wird Herbst, aus Herbst wird Winter – und das ganze wieder von vorn. Willst du jedoch herausfinden, was zuerst war, bist du am Ende mit deinem Latein. Denn wie der Frühling des Winters bedarf, bedarf der Winter des Herbstes, der Herbst des Sommers und der Sommer des Frühlings.

Die uralte Frage: Was war zuerst da, die Henne oder das Ei, steht noch immer ungelöst im Raum, auch wenn der Wissenschaftsphilosoph David Papineau vom renommierten Londoner King's College ausführte, das erste Ei sei ein Hühnerei gewesen, weil es ein Huhn in sich trug. Daran ändere auch die Tatsache nichts, dass es von einem anderen Tier gelegt wurde. "Der Schluss ist deshalb zwingend, dass das Hühnerei zuerst kam und die Henne danach", führte er aus. Damit schloss er aus, dass das erste Huhn aus einem Nicht-Hühnerei geschlüpft sein könnte.

Aha. Toll. Was für eine bestechende Logik...

All die Erklärungen des Verstandes greifen zu kurz, weil sie sich auf die Erscheinung der Materie beschränken. *Urknall ist alte Physik* behauptete der erst vor einigen Jahren verstorbene Kernphysiker Hans Peter Dürr. 50 Jahre lang habe er sich als Kernphysiker mit den kleinsten Teilchen der Materie beschäftigt. Das Ergebnis sei, dass es diese Materie gar nicht gibt. Man könne sie besser als „elektromagnetischen Schwingungsball" beschreiben: „Und was da schwingt, ist nichts. Aber dieses Nichts hat eine Form."

Präziser könnte es ein so-called Erleuchteter auch nicht formulieren!

Im Bewusstsein bedarf es keines Weltenbeginns. Es muss lediglich aktiv sein. So wie ein hochgefahrener Computer. Daher sprach Ramesh Balsekar von *Bewusstsein in Ruhe* und von *Bewusstsein in Bewegung*. Und der Unterschied ist simpel definierbar:

Bewusstsein in Ruhe nimmt nicht wahr,
Bewusstsein in Bewegung nimmt wahr.

Und wenn wahrgenommen wird, erscheint die Welt der Formen und Farben, des Wandels. Aus dem Nichts. Ohne Ursache, ohne Schöpfungsakt, ohne Bedingung. Gott braucht keine Zeit für die Erschaffung der Welt, weil er ist, was wir als Welt bezeichnen.

Machst du es dir nicht ein wenig zu einfach mit dieser simplen Erklärung? Wird mir oft vorgeworfen. Große Geister haben sich mit dem Phänomen der Welterscheinung, deren Werke Bibliotheken füllen, lebenslang beschäftigt, und du brauchst dazu nur 2 DIN a' 4 Seiten.

Nun, erstens bedarf klares Sehen keiner weitschweifigen und umfangreichen Erklärungen! Zweitens ist die wissenschaftliche Erklärung, aus einem Knall könnte sich ein hochorganisiertes und komplexes Universum entwickelt haben, mitnichten weniger simpel.

Sela!

Universale Liebe ist weder ein Verhalten noch ein Gefühl

Die grundlegende Lehre selbst enthält keine abstrakte Theorie der »universalen Liebe«. Das ist so, weil Liebe und Begreifen nicht zweierlei sind. Die vielfach gepredigte »universale Liebe« beruht auf der Annahme, dass der Einzelne für das Wohl aller sorgen muss und darin sein eigenes Glück finden wird. Das strapaziert die menschliche Natur aber so sehr, dass man nur tiefste Enttäuschung ernten wird, wenn man es allzu ernst nimmt. Liebe und Mitgefühl sind für den Menschen etwas ganz Natürliches, wenn sie nicht zu sehr mit sekundären Motiven befrachtet werden; strebt man jedoch im Rahmen eines konstruierten Systems danach, das die Grund-Realitäten ignoriert, wird sich Liebe zwangsläufig in Hass verwandeln. Letzten Endes gilt es zu verstehen, dass alles Liebe ist und außer Liebe nichts ist.

Das gilts zu verstehen? Wieso nicht zu fühlen? Ist Liebe nicht Emotion pur?

Ich würde sagen: Verliebtheit ist ein außerordentlicher, in jedem Fall aber besonderer Zustand. Platon ging sogar einen Schritt weiter: *Liebe ist eine schwere Geisteskrankheit*, behauptete er, wobei freilich niemand weiß, wie ernst er dies meinte. Vor allem das Belohnungszentrum im Gehirn, zum Beispiel in Form des *Nucleus accumbens* ist aktiv, wenn man frisch verliebt ist. *Da ist man in einem Zustand wie in einem Drogenrausch*, erklärt Professor Helmut Schatz aus Bochum, Hormonspezialist und Sprecher der Deutschen Gesellschaft für Endokrinologie. *Der Körper produziert viel Dopamin, den auch als "Glückshormon" bekannten Neurotransmitter, und Verliebte sind in einem Zustand des Glücks. Sie schweben im siebten Himmel und wollen so viel wie möglich von ihrer "Droge" haben: dem Partner. Dopamin, das sind übrigens nicht die Geschlechtshormone, sondern Botenstoffe im Gehirn.*

Auf diesen „außerordentlichen" emotionalen Zustand verweist Ramesh nicht, und daher sagt er: Es gilt zu *verstehen*, dass Liebe alles ist und außer Liebe nichts ist.

Dieses Verstehen ist jedoch nur intuitiv zu erlangen. Und im Grunde genommen ist es überhaupt nicht zu „erlangen", sondern nur zu „empfangen". Es hat vor allem nichts zu tun mit der Annahme, dass der Einzelne für das Wohl aller sorgen muss und darin sein eigenes Glück finden wird.

Liebe ist vielmehr die wahre Natur alles Seienden

Alles liebt! Wie immer dies auch zum Ausdruck kommt. Denn der Ausdruck ist nicht die Essenz.

Aus Ton kannst du die verschiedensten Figuren oder Gestalten anfertigen. Schöne und hässliche, dicke und dünne, große und kleine, animalische und menschliche, dämonische und engelhafte. Die Substanz aller ist und bleibt aber „eine", in diesem Fall Ton. So ist das mit der Liebe. Du kannst dich gar nicht von ihr trennen, selbst wenn sich dein Ausdruck zur Liebe gegensätzlich verhält!

Wie sollte Hass oder Gleichgültigkeit ohne Liebe entstehen? Nur weil du liebst, kannst du hassen! Beispielsweise den, der mit deinem Partner fremdgeht. Womöglich würdest du aber nicht nur den Nebenbuhler, sondern auch deinen fremdgehenden Partner hassen. Würdest du ihn denn aber hassen, wenn er dir gleichgültig wäre, wenn du also keine Zuneigung mehr für ihn empfinden würdest? Womöglich käme dir in so einem Fall der Seitensprung gerade recht, weil er dir einen Grund zur Trennung sozusagen frei Haus liefern würde.

Fanatische Moslems hassen die aus ihrer Sicht Ungläubigen. Würden sie sie denn hassen, wenn sie ihren Propheten und den Koran, der sie anweist Ungläubige zu hassen, nicht lieben würden? Untersuchst du, wie Hass oder Gleichgültigkeit entstehen, wirst du kaum mehr dran vorbeisehen können, dass Hass ohne Liebe überhaupt nicht entstehen kann.

Jedes Lebewesen tendiert dazu Liebe zu geben und zu empfangen. Ob Mensch, Tier oder Pflanze. Freilich könntest du mir nun entgegnen: Für Menschen und Tiere mag dies ja zutreffen, bei Pflanzen bin ich mir da nicht so sicher! Nun, Neurologen haben folgendes entdeckt:

Pflanzen lieben es, gestreichelt zu werden. Etwa zehn Jahre ist es her, da entdeckten amerikanische Forscher „Touch-Gene", also Berührungsgene. Werden diese Gene aktiviert, ändert die Pflanze ihre Wachstumsrichtung: Statt in die Höhe zu schießen, legt sie mehr und mehr an Breite zu. Der Versuch in den texanischen Labors der Pflanzengenetikerin Janet Braam war so schlicht, dass ihn jeder in der Küche nachstellen kann: zwei Blumentöpfe, in jedem wächst ein Bohnen- oder wie bei den Texanern ein Senfpflanzenspross. Der eine wird gestreichelt, massiert, liebkost, am besten mindestens viermal täglich, der andere wird zwar regelmäßig gegossen, aber ansonsten ignoriert. Das Ergebnis: Das gestreichelte Pflänzchen wächst kurz und dick, während das missachtete in die Höhe schießt wie ein U-Boot-Periskop.

Und was ist mit liebevollem Geplauder? Einer Umfrage zufolge spricht jede vierte Frau mit ihren Zimmerpflanzen, bei den Männern sind es nur fünf Prozent, der Prominenteste von ihnen ist Prinz Charles. Tut Pflanzen dieser akustische Zuspruch gut? Das bayerische Forschungsinstitut Weihenstephan ist dieser Frage nachgegangen. Neben einem „guten Morgen, liebe Tomaten" wurden die Pflänzchen mit reichlich gutem Zureden bedacht – und brachten offenbar durchschnittlich einen Mehrertrag von 500 Gramm. Lässt sich das erklären? Die Forscher sind bis heute ratlos.[11]

Nun magst du zu Recht sagen: Liebe ist ein großes Wort. Wären nicht die Worte Sympathie oder Zuneigung geeigneter? Wegen mir.

---

[11] Welt N24, Von Elke Bodderas | Veröffentlicht am 11.01.2010

Aber sind denn Sympathie und Zuneigung etwas Anderes als Liebe? Wobei sie sich freilich von der „verrückten" Verliebtheit graduell unterscheiden.

In spirituellen Kreisen wird gern und häufig von *unbedingter oder bedingungsloser Liebe* gesprochen. Sie bezieht sich jedoch stets auf einen emotionalen Zustand und/oder aufs Verhalten. Daher kann man aus deren Sicht aus der Liebe fallen und in der Liebe bleiben. Das ist jedoch ebenso unmöglich wie eine Figur aus Gold seine Substanz verändern könnte, indem man sie einschmilzt und eine Figur anderen Aussehens aus ihr formt!

Liebe ist unbedingt! Jedoch in der dinglichen Welt, in der Welt der Objekte, muss es ihr Gegenteil geben und damit ist sie be-ding-t. Unbedingte Liebe ist daher deine wahre Natur, nie und nimmer dein Ausdruck! Selbst wenn du glaubst jemanden oder etwas bedingungslos zu lieben, bezieht sich deine Liebe auf diesen Jemand oder dieses Etwas, nicht auf alles und jedes, womit bewiesen wäre, dass du nicht bedingungslos liebst! Universale oder bedingungslose Liebe zu „leben" ist daher nur eine schöne Idee. Nach unbedingter oder universaler Liebe zu streben ist so, als würdest du danach streben, auf dem Boden zu stehen, auf dem du bereits stehst oder als würdest du auf einem Stuhl sitzen wollen, auf dem du bereits sitzt!

Unbedingte Liebe ist unser aller wahre Natur. Daher kannst du weder aus ihr herausfallen noch in sie hineingelangen. In ihr bleiben zu wollen ist daher weder notwendig noch machbar. Was passieren kann, ist, dass dies klar erkannt bzw. verstanden wird. Dann aber ist der jeweilige emotionale Zustand oder äußere Umstand nicht mehr maßgeblich. Selbst dann nicht, wenn du innerlich gerade Angst, Zorn, Trauer oder äußerlich einen sogenannten Schicksalsschlag erfahren solltest.

Du liebst immer, fragt sich nur wie! Der Ausdruck variiert, die Essenz nie und nimmer!

Sela!

Meditation ist vor allem eine Entspannungsmethode, mitnichten der Königsweg zur Erleuchtung

Spirituelle Praktiken – wie beispielsweise Japa[12] oder Meditation - sind keine absolute Notwendigkeit.

„Soll ich auch aufhören zu meditieren?" fragte mich ein Besucher, als ich ihm sagte, dass ich nach meiner Rückkehr von Indien im Jahr 2004 nie mehr meditiert habe. Jedenfalls nicht bewusst.

Es kann natürlich passieren, dass die Stille oder der innere Friede meine Aktivitäten temporär ausbremst und deaktiviert. Das ist jedoch weit mehr eine Passivität der Geistesaktivitäten oder eine Art wohltuende Lähmung des Bodyminds als das, was man unter *aktiver* Meditation versteht. Man könnte diesen Zustand Samadhi[13] nennen, wenn man denn Bezeichnungen braucht. Diese vollständige Ruhe des Geistes kommt jedoch über mich, sie wird durch keine Methode erzeugt. Und sie wird auch nicht angestrebt.

„Soll ich aufhören zu meditieren?" Diese Frage ist nicht zu beantworten. Jedenfalls nicht von mir. Ich habe keine Ahnung was du sollst und was du nicht sollst. Was ich weiß, ist, dass Meditation oder Japa aufhören wird, wenn sie aufhören soll und nicht aufhört, wenn sie nicht aufhören soll.

„Du" kannst gar nicht aufhören! Weder mit der Meditation noch mit der Suche nach Erwachen und Erleuchtung! Weder mit einem Laster noch mit Wohlanständigkeit. Suche nach Erleuchtung ist übrigens auch eine Art Laster. In jedem Fall eine Sucht!

Meditation wird in vielen spirituellen Traditionen und von nahezu allen spirituellen Lehrern als Königsweg zur Erleuchtung gepriesen. In

---

[12] Japa: Wiederholung eines Mantras

[13] "Samadhi" kommt von "Sama" – "Ruhe". Samadhi ist die vollständige Ruhe des Geistes.

Wahrheit ist es vor allem eine Entspannungsmethode. Und mit der Erleuchtung ist es ganz ähnlich wie mit dem Wohlstand. Die meisten Reichen haben jede Menge Aufwand betrieben, um wohlhabend zu werden. Andere wiederum spielen nur einmal im Leben Lotto und leeren den Jackpot. Oder sie erben, wie die Aldi-Kinder, Milliarden. Dazu mussten sie nur in eine wohlhabende Familie geboren werden, wozu sie nichts beitrugen.

Im Gegensatz zu den bekannten spirituellen Lehrern Eckhart Tolle oder Byron Katie ging beispielsweise Yolande Doran[14] vor dem spirituellen Erwachen nicht durch ein Tal von Depression, schlimmster Selbstanklage und Selbstmordgedanken. Sie war eine ganz normale Frau, bei der eines Tages im Sommer 2003 einfach aus heiterem Himmel in ihrem Wohnzimmer zu Hause die Gedanken aufhörten - Stille kehrte ein und diese Stille hat sie seither nie wieder verlassen. (Wobei ich glaube, dass sie sich nicht korrekt ausgedrückt hat. Was sie meint, ist nicht, dass *die* Gedanken aufhörten, die funktionaler Natur sind, sondern jene, die ich schlicht als Mindfuck bezeichne und Ramesh Balsekar den „denkenden Verstand" im Gegensatz zum „arbeitenden Verstand". Und ebenso glaube ich, dass eine Reihe früherer Leben als scheinbar Suchende für das scheinbar spontane Erwachen notwendig war. Dies lehre ich jedoch nicht explizit, es ist nur meine persönliche Meinung)

Jeder von uns hat sein ureigenes Schicksal

Wenn du aber beispielsweise jenen mysteriösen Drang zum Meditieren verspürst, empfehle ich dir, den Atem nicht nur zu „beobachten", sondern dir währenddessen folgende Fragen zu stellen:

- Atme ich?
- Denke ich?
- Erzeuge ich das Jucken auf der Kopfhaut (oder anderswo)?
- Generiere ich die Emotion, wenn denn eine auftauchen sollte?

---

[14] Schrieb ein Buch mit dem Titel: Die Frau, die an einem ganz normalen Sommertag plötzlich keine Gedanken mehr im Kopf hatte: Erfahrung einer Erleuchtung

- War ich der, der vergaß, den Atem zu beobachten?
- War ich der, der sich daran erinnerte und wieder damit begann?

Diese Fragen liefern dir nämlich den Beweis, dass du gar nichts tust! Das alles geschieht. Ohne einen Atmer, einen Denker, einen Juckenden, einen Kratzenden, ohne einen, der die Emotionen erzeugt, ohne einen Vergesslichen, ohne einen Erinnerer.

Natürlich ist auch das nur eine Methode, die nicht zwingend zu der Klarheit führen muss, dass es keinen Handelnden gibt. Und selbst, wenn dies theoretisch erkannt wird, ist die Erkenntnis nicht zwingend mit irreversiblen Frieden verbunden. Ebenso wie regelmäßiges Lottospielen nicht zwingend zum Knacken des Jackpots führen muss. Ebenso wie die Gründung eines Startup-Unternehmens in die Binsen gehen- und anstatt erwartungsgemäß zu Gewinn auch zu Verlust führen kann.

In jedem Fall aber ist die intuitive Erkenntnis, dass der Handelnde eine Illusion ist, mit einem immensen Empfinden von Freiheit empfunden! „Freiheit?" magst du staunend ausrufen, „wie sollte ich Freiheit empfinden, sogar noch „immense", wenn mir klar wird, dass „ich" nur tun kann, was ich tun soll und nur lassen kann, was ich lassen soll?

Nun, endlich fällt die Last der Verantwortung ab, die der Glaube, „ich" müsse dafür sorgen, dass mein Leben lebenswert ist und „ich" könnte dabei auch kläglich versagen! Endlich fällt die Last der Selbstanklagen und Schuldzuweisungen von deinen müde gewordenen Schultern! Wer sollte beschuldigt werden, wenn keiner da ist, der etwas tat, tut oder tun wird? Endlich löst sich die Zukunftsangst auf, die die Desinformation persönlicher Täterschaft womöglich in dir erzeugt! Endlich wirst du nicht mehr zu glauben vermögen, du könntest durch Fehlentscheidungen dein Ansehen, deine gesellschaftliche Anerkennung, deinen Partner oder deinen Job verlieren. Fehlentscheidungen können freilich passieren. Auch die entsprechenden Konsequenzen. Wenn aber in der Wahrnehmung derjenige fehlt, der die „falschen" Entscheidungen trifft, können dich selbst solche unangenehmen Ereignisse nicht mehr in den Abgrund reißen.

Sela!

Die Ordnung des Todes

Das Absolute, Nirvana, Gott, das Ewige Subjekt, Gewahrsein, das sind alles nur Namen. Das einzige was es gibt ist DAS. Welchen Namen man ihm auch DEM gibt, es ist gegenstandlos.

Anstatt *Das einzige was es gibt ist DAS* hätte Ramesh Balsekar auch sagen können: *Alles was es gibt, ist das Schicksal!* Oder: *Alles was es gibt, ist Gott!* Ist in meiner Wahrnehmung wäre das überhaupt kein Widerspruch. Denn wenn ich Schicksal oder Gott sage und das Wort in mir nachklingen lasse - welch ein Genuss!

Kürzlich erwähnte ich im Gespräch mit einem Pfarrer nach einer Beerdigung während des sogenannten Leichenschmauses: Alles ist Gott! Das ist Pantheismus[15], schleuderte er mir mit verkrampft freundlichem Gesichtsausdruck entgegen. Sogleich war ich in einem der Schubfächer des evangelischen Theologen untergebracht.

Darauf ich: Ich könnte ebenso sagen: Alles ist Bewusstsein oder Alles ist Quelle oder Alles ist DAS oder Alles ist Schicksal. Seine Pupillen wanderten mehrere Male in schneller Abfolge von links nach rechts und von rechts nach links, bevor er mich fragte: Welcher Glaubensrichtung gehören Sie an? Ich: Der Atheist würde mich als gläubig bezeichnen, der Gläubige als Atheist. Und keiner von beiden läge richtig. Aha, sagte er mit hochgezogenen Augenbrauen, also sind sie wohl ein Freigeist!

Tja, die Schubladen! Sie sorgen für Ordnung im Mind. Keine Frage. *Die Ordnung des Todes* nenn ich sie gern. Es gibt kaum etwas ordentlicheres als die Anordnung von Gräbern auf einem Friedhof.

Sag ich oder denk ich „Gott", nur dieses Wort, rieche ich den Duft von Rosen. Und es schmeckt honigsüß. Mein Gehirn assoziiert jedoch mit dem Wort Gott keinen Glauben, auch keine heilige Schrift, weder

---

[15] Die Lehre, nach der Gott und Universum identisch sind

die Bibel noch den Koran, weder die Bhagavadgita noch die Upanischaden. Und natürlich schon gar keinen persönlichen Gott!

Gott als Schöpfer, als Planer, als Verordner, Regisseur oder Richter ist eine reichlich absurde Erfindung des menschlichen Geistes. Und sorgt für viele, wenn nicht gar die meisten Kriege und Terrorakte auf diesem Globus! Nicht nur gegenwärtig in Gestalt des extremistischen Islam. Wobei ein islamistischer Extremist lediglich ein wahrer Gläubiger ist. Wer die Ungläubigen nicht tötet, ist nur dem Namen nach Moslem. So wie ein Christ, der nicht daran glaubt, dass Homosexualität widernatürlich[16] ist sowie eine Strafe Gottes, ein „lauwarmer" Gläubiger ist.

„Und tötet sie, (die Ungläubigen) wo immer ihr sie trefft, und vertreibt sie, von wo sie euch vertrieben haben. Denn Verführen ist schlimmer als Töten. Kämpft nicht gegen sie bei der heiligen Moschee, bis sie dort gegen euch kämpfen. Wenn sie gegen euch kämpfen, dann tötet sie. So ist die Vergeltung für die Ungläubigen." Sure 2, Vers 191

Das Christentum ist jedoch nicht wesentlich besser. Meines Erachtens ist es einzig dem sogenannten „Zeitalter der Aufklärung" und dem Schwinden ihrer Macht zu verdanken, dass die weltweit agierende kriminelle Organisation der katholischen Kirche keine Morde und Gräueltaten mehr an denen vollbringt, die nach ihrer Auffassung Ketzer und Ungläubige sind.

Ich war von 1967 bis 1987 in verschiedenen religiösen Gruppierungen zunächst christlich-fundamentalistischer und später christlich-mystischer Prägung zuhause. Nicht nur als Mitglied, sondern auch als Verkünder der sogenannten „frohen Botschaft".

Jesus zu begegnen und wiedergeboren zu werden, wie man wahren Glauben in diesen Kreisen definiert, ist eine wundervolle Erfahrung.

---

[16] Die Bibel sagt in Römer 1, 26-27: Darum hat sie Gott in schändliche Leidenschaft dahingegeben; denn auch ihre weiblichen Personen haben den natürlichen Umgang mit dem widernatürlichen vertauscht; gleicherweise haben auch die männlichen Personen den natürlichen Verkehr der weiblichen Person verlassen.

Denn du findest Halt, Trost, Freude und vor allem Vergebung. Essentiell betrachtet war es schlicht die erste Berührung mit meinem innersten Wesen, meiner wahren Natur. Wäre diese Berührung in Satsang-Kreisen erfolgt, hätte man sie wahrscheinlich als spirituelles Erwachen bezeichnet. Denn wie diese innere Berührung benannt wird, ist in erster Linie eine Frage der Interpretation.

Mein Herz jedenfalls war von Frieden und Liebe erfüllt! Freilich bezog sie sich damals auf meinen imaginären Erlöser! Während der Zeitspanne, die ich in diesen Kreisen zubrachte, hatte ich eine Reihe von Erfahrungen, die mich in einen ekstatischen oder mindestens euphorischen Zustand versetzten. Eine davon war die sogenannte Taufe im heiligen Geist. Der Beweis des Empfangs besteht darin in fremden Zungen[17] zu reden. Dieser ekstatische Zustand dauerte bei mir mehrere Stunden und ich hätte währenddessen nicht sagen können, ob ich mich innerhalb oder außerhalb meines Körpers befand.

Keine Frage, der Glaube an Gott, ob man ihn als Jahwe wie im Judentum, Allah wie im Islam, Gott-Vater wie im Christentum, Brahma oder Vishnu wie im Hinduismus bezeichnet, verleiht Kraft, Freude und Trost, insbesondere dann, wenn man Schicksalsschläge erfährt.

Gleichzeitig jedoch hat die „spirituelle Medizin" fatale Nebenwirkungen. Denn im Normalfall wirst du Teil der Gemeinschaft, in welcher der jeweilige Gott, an den du nun glaubst, verehrt wird. Und die jeweils geltende „heilige Schrift" wird zur Norm in deinem täglichen Leben. Und wenn du Erfahrungen machst, die nach dieser Norm Sünde sind, fühlst du dich freilich schuldig. Und du versuchst diese Sünde nicht mehr zu begehen. Was unmöglich ist. Erstens weil es sowas wie Sünde gar nicht gibt. Zweitens, weil dein GeistKörperOrganismus auf einzigartige Weise programmiert ist und sich nur dementsprechend

---

[17] Unter Zungenrede bzw. in Zungen reden, Glossolalie (altgriechisch γλῶσσα (glṓssa) Zunge, Sprache zu sprechen) oder Sprachengebet versteht man unverständliches Sprechen, insbesondere im Gebet. Nach dem Neuen Testament ist es eine Gnadengabe des Heiligen Geistes. (Wikipedia)

verhalten kann! Gebote und Verbote können ihn darin nicht ein-schränken, sondern machen ihn im schlimmsten Fall krank.

Mir ist heute schon relativ klar, weshalb ich während einiger Jahre immer wieder unter schweren Migräneanfällen litt! Eingezwängt in das Korsett altertümlich-neutestamentlicher Gebote und Verbote war mein Geist dermaßen zwiegespalten, dass er sich offenbar keinen anderen Rat wusste, als den Organismus in seinen Aktivitäten zu läh-men. Was freilich nichts nützte. Denn sobald der Schmerz nachließ, setzte sich mein widersprüchliches Erleben fort und die Folge waren erneute Migräneanfälle.

Ein anderer Grund für meinen gespaltenen Geist war, was man als Gesetz der Gruppendynamik bezeichnet: Die Gruppe ist abhängig von ihrem Leiter, alles konzentriert sich auf ihn (Phantasien, Aufmerksam-keit, Projektionen). Sie „flüchtet" in Harmonie und Solidarität, die Gruppe wird idealisiert, es besteht Einigkeit über Rollen und Aufgaben und Abgrenzung nach außen.

Unser „Guru" brauchte nicht zu predigen, dass jede Versammlung, die es in dieser speziellen Gruppierung an jedem Tag gab, besucht werden sollte. Wer öfter mal fehlte, wurde als nicht wirklich hingege-ben betrachtet. Wer während Ostern, Pfingsten oder Weihnachten nicht an den jeweils 10-tägigen Konferenzen teilnahm und es statt-dessen wagte in Urlaub zu gehen, gehörte sicherlich nicht zu denen, die einst nach der Wiederkunft Christi im sogenannten 1000jährigen Friedensreich mit Christus regieren würden. Wer einen Fernsehappa-rat hatte, rauchte, Alkohol zu sich nahm oder „weltliche" Literatur las, war kein „Überwinder". Wer die Sünde der Unzucht beging (und Un-zucht war jede sexuelle Aktivität außerhalb der Ehe), wurde, es sein denn, er tat dafür Buße, exkommuniziert.

Das hier das Gesetz der Gruppendynamik zur Wirkung kam und nicht etwa der Heilige Geist, war natürlich keinem von uns bewusst! Und Gruppendynamik bewirkte nicht etwa nur den Zusammenhalt unserer spirituellen Bewegung, die wahrhaft straff geführt wurde, dieser Gruppenzwang herrscht mehr oder minder in allen religiösen Organisationen.

Der Glaube an einen persönlichen Gott oder an personifizierte Gottheiten wirft darüber hinaus mehr Fragen auf als er befriedigende Antworten zu geben vermag. Die erste Frage ist: Wer erschuf Gott? Und die Antwort der Theologen ist: Niemand. Denn er gilt ja als ewig. Wann immer ich einen Theologen dann fragte: Wenn *niemand* Gott schuf, weshalb kann man dann nicht ebenso sagen: *„Niemand* schuf das Universum?"*, verstanden sie nicht einmal, dass dies eine durchaus berechtigte Frage ist. So besessen sind sie von ihrer persönlichen Gottes- und Schöpfervorstellung.

Wie Gott als Schöpfer jedoch derart dumm und unfähig sein kann, Menschen zu erschaffen, die gegen ihn rebellieren und von ihm abfallen, bleibt ein Rätsel: *Als aber Gott sah, dass die Bosheit des Menschen sehr groß war auf Erden und alles Trachten der Gedanken seines Herzens allzeit böse, da <u>reute </u>es den Herrn, dass er den Menschen gemacht hatte auf der Erde und es betrübte ihn in seinem Herzen. Und er sprach: Ich will den Menschen vom Erdboden vertilgen vom Menschen an bis zum Vieh und bis zum Gewürm und den Vögeln unter dem Himmel, <u>denn es reut mich, dass ich sie gemacht habe</u>*[18].

Fragst du dich nicht auch unwillkürlich, wie ein allwissender und allmächtiger Gott – denn als solchen stellt ihn ja die Religion dar – wie ihm also mit seinem „Ebenbild" ein derart grober Schnitzer passieren konnte? Jeder IT-Ingenieur, dem so ein krasser Programmierfehler unterliefe, würde sofort gefeuert! Aber nein, ganz im Gegenteil, anstatt Selbstkritik zu üben, beschuldigt der Schöpfer sein Geschöpf und seine Wut ist dermaßen groß, dass er mit ihm auch gleich noch alle Tiere bis hin zum höchst unschuldigen Wurm mit vernichtet!

---

[18] Bibel - 1. Mose 6: 3-7

Nun könntest du mich natürlich fragen: Wie war es nur möglich, dass du 20 Jahre lang glauben konntest, was du heute als Blödsinn bezeichnest? Vier Gründe:

1. Systemimmanenz. Bist du einmal überzeugt davon, dass die Bibel Wort für Wort Gottes Wort ist, gehören auch unverständliche, unlogische und widersprüchliche Worte dazu. Und es gibt dann immer einen Weg sie so zu interpretieren, dass sie sich ins Gesamtsystem fügen.

2. Dein Gottesbild und die jeweils geltende Heilige Schrift gehören untrennbar zusammen. Verlierst du den Glauben an die Heilige Schrift verlierst du gleichzeitig das, was du Gott nennst.

3. Die soziale Abhängigkeit von den Menschen, denen du dich verbunden fühlst und die du verlieren würdest, wenn du den Glauben verlierst.

4. Der letzte und entscheidende Grund: Es war mir bestimmt, es war schlicht mein Schicksal, insgesamt 20 Jahre die Ordnung des Todes kennenzulernen, und ich bereue es nicht. Im Gegenteil: Einige meiner besten Erfahrungen machte ich auf diesem Friedhof mit den wunderschön angelegten Gräbern, die, wenn du nur auf die Blumen siehst und ihren Duft riechst, außerordentlich gut darüber hinwegtäuschen kann, dass es sich um eine Stätte des Todes handelt.

Insbesondere in Gemeinschaften, die sich von der Gesellschaft absondern, wie das in der Gruppierung der Fall war, der ich 10 Jahre lang angehörte, ist der Verlust denkbar groß, wenn man raus ist. Als ich sie im Jahr 1987 verließ, wurde ich sofort von jeglicher Kommunikation abgeschnitten. Mitglieder, die mich auf der Straße erkannten, wechselten die Seite, um mir nicht begegnen zu müssen. Ich wurde wie ein Leprakranker behandelt. Mein gesellschaftliches Leben hatte jedoch ein Jahrzehnt vornehmlich in dieser Gruppe stattgefunden und Menschen außerhalb von ihr kannte ich nur flüchtig. Kein Wunder, dass ich anschließend eine depressive Phase durchlebte.

Eine andere legitime Frage, die du mir stellen könntest, wäre: Wenn es stimmt, dass alles was ist, Gott ist, müsste ja es ja auch für die organisierte Religion gelten!? Fürwahr! Tut es! Bedenke jedoch, dass selbst die Menschwerdung auf der Begrenzung Gottes beruht. Ohne Selbstbegrenzung ist Ausdruck Gottes unmöglich. Ausdruck bedingt Form! Und Form bedingt Einschränkung, Begrenzung.

Wie bereits erwähnt nimmt Gott dafür offenbar jedes denkbare Opfer in Kauf! Und er hat darin nicht einmal eine Wahl. Er kann sich nicht sagen: Ich lass es, das Ganze ist mir viel zu aufwändig und bringt viel zu viel Leid mit sich! Nur ein persönlicher Gott könnte wählen. Gott als das was ist hat jedoch keine Wahl! Und da alles was ist Gott ist, haben auch Menschen keine. Wählen kann man eine politische Partei und selbst dabei wählt keiner.

Gott ist keine Person. Gott ist vielmehr die Essenz allen Seins und daher alles was ist. Und wird er personifiziert, entsteht sofort ein dickes Problem, wie alle organisierten Religionsgemeinschaften beweisen!

Gott kann sich nur selbst als Gott bzw. die Essenz allen Seins erkennen. Freilich im Menschen. Er ist das Instrument, mit dem die Selbst-Begegnung stattfindet. Findet sie jedoch statt, entsteht daraus keine Religion oder spirituelle Bewegung. Denn in der Wahrnehmung Gottes gibt es nichts, was nicht Gott ist. Daher sind auch keine Absonderung und kein Gottesdienst nötig.

Aus diesem Grund sind selbst spirituelle Gemeinschaften, die Erleuchtung oder Erwachen zum Mittelpunkt haben, letztlich zum Scheitern verurteilt. Früher oder später kommt es zum Eklat. Entweder der Guru missbraucht seine Autorität oder die Schäfchen geraten untereinander in Konflikte und Streit. Schau dir die Historie spiritueller Bewegungen an. Es ist am Ende immer das Gleiche.

Ich vergleiche spirituelle Gemeinschaften gern mit Treibhäusern. Sie spenden zwar Wärme und Schutz, doch außerhalb dieser künstlich erzeugten Atmosphäre gehen die Pflanzen schnell ein. Fürs stinknormale Leben in der Gesellschaft werden die dort wachsenden Pflanzen nicht etwa gerüstet, sondern im Gegenteil oftmals sogar schwer beschädigt.

Sela!

Die Unmenschlichkeit der Superspirituellen

Einer von Maharajs unregelmäßigen Besuchern, ein Hindu, glaubte, dass ihn all diese passiven Einstellungen zu einem Weichling gemacht hätten, und er trat zur Religion der Sikhs über. Eines Tages sagt er: Maharaj, Sie sagen immer wieder das Gleiche: Man muss akzeptieren was ist. Ich kann das nicht akzeptieren. Wenn ich morgen mit einer Gruppe von Militanten käme, und wir würden diese Leute hier verprügeln, was würden Sie tun? Maharaj sagte: Ich weiß es nicht.

Treffliche Antwort von Maharaj. Denn in einem Organismus, in dem der Eindruck persönlicher Täterschaft deaktiviert ist, kann alles passieren. Von Maharaj ist bekannt, dass er ein strenger und ungeduldiger Mann war, der manch einen Besucher, der ihm auf die Nerven ging, rauswarf.

Heute wird Nisargadatta von vielen Superspirituellen verehrt. Ich bin mir nicht sicher, ob er von ihnen verehrt worden wäre, wenn sie ihn noch zeitlebens erlebt hätten. Schon allein deshalb nicht, weil er während seiner Talks eine nach der anderen qualmte, wie es mir von einem seiner Besucher in Mumbai erzählt wurde. Keine gewöhnlichen Zigaretten, sondern Bidis, sie werden aus einem Tendu- bzw. Schwarzholzblatt hergestellt. Das Schwarzholz ist ein Baum, dessen Holz zu den Ebenhölzern gerechnet wird. Starker Tobak, muss ich sagen, ich habe sie selbst geraucht, als ich mich in Indien aufhielt.

Wie oft schon wurde ich gefragt: Was, DU rauchst noch? Als wäre Rauchen ein Verbrechen, besonders wenn die Zigarette oder Zigarre zwischen den Lippen eines so-called Erleuchteten steckt! Oft antworte ich mit dem gleichen - allerdings gespielten - Erstaunen: Was, DU rauchst nicht mehr? Das ist weiß Gott kein Plädoyer fürs Rauchen, sondern ein Verweis auf die Deaktivierung des Eindrucks persönlicher Täterschaft. Und einzig das ist Erleuchtung. Wer Verhaltensmuster zum Kriterium für Erleuchtung macht, versteht unter Erleuchtung in jedem Fall etwas völlig anderes als ich.

Nachdem mein Mind crashte, wurde ich nicht etwa göttlich, sondern ganz und gar menschlich. Oder besser noch: ein Menschentier. Der natürliche Zustand jedenfalls hat mit dem, was Superspirituelle unter ihm verstehen, soviel zu tun wie der Mars mit der Erde!

Als ich einmal zu Gast auf einem spirituellen Festival war, in einem der Gänge auf den Veranstalter traf und ihn schon von weitem laut und freudig begrüßte, zischte der: *Pssst. Kannst du nicht lesen?* Und mit seinem Zeigefinger wies er auf ein Schild, auf dem „Raum der Stille" stand! Das ist jedenfalls nicht die Stille, die Einzug bei mir hielt. Die würde selbst auf einem Konzert der Rolling-Stones nicht verschwinden!

Superspiritualität ist eine der hässlichsten und absurdesten Erscheinungen im Bewusstsein. Und ich reagiere in der Regel aggressiv auf diesen Bullshit. In der Situation, die ich gerade beschrieb, war das jedoch nicht der Fall. Ich hielt mich vielmehr anschließend, wenn auch ungern, an die Regel.

Maharaj wusste nicht wie er auf einen prügelnden Mob reagieren würde. Bedeutet seine Antwort etwa, dass er sich unter Umständen gewehrt hätte? Könnte sein. Könnte ebenso nicht sein. Was weiß ein Blasinstrument darüber, welcher Ton aus ihm rauskommt? Ein schöner oder ein schräger!

Wie ich jeweils reagiere ist nicht vorhersehbar. Manchmal erlebe ich mich geduldig mit meinem Sohn. Ein anderes Mal ungeduldig. Ich bin weder stolz auf meine Geduld noch schäme ich mich meiner Ungeduld. Beides sind Reaktionen im Körper-Geist-Organismus, auf die ich keinen Einfluss habe und die genau das bewirken, was sie bewirken sollen.

Da höre ich den Aufschrei der Superspirituellen: *Du machst es dir einfach! Das ist nichts als Rechtfertigung deiner Untugenden.* Oder: *Du*

hast deine Schatten noch nicht bearbeitet, bist noch nicht transfor-
miert! Da kommen Aggressionen zum Ausdruck, die tiiiieeeef in dei-
nem Unbewussten stecken, hochkommen und angeschaut werden
müssen, um sich auflösen zu können!

Nein verehrte Kritiker, ihr irrt! Ich bin lediglich von meinem jahr-
zehntelangen Aufstieg zur spirituellen Meisterschaft und kosmischen
Superbewusstsein, die mich zu einem pseudospirituellen Monstrum
machte, abgekommen und zu einem Menschentier abgestiegen.
Manchmal sanft wie ein Lamm, ein anderes Mal kraftvoll brüllend wie
ein Löwe! Manchmal arglos wie eine Taube, dann wieder listig wie
eine Schlange! Manchmal fleißig wie eine Ameise, dann wieder träge
wie ein Faultier. Manchmal gesellig wie ein Affe im Rudel, dann wieder einzelgängerisch wie der Eisbär.

Ich habe die größtmögliche spirituelle Transformation hinter mir!
Denn ich war Gott und nun bin ich Mensch! Ich war unbegrenzt und
nun bin ich begrenzt! Ich war unbegrenzte Weite und stecke nun in
einem engen Menschenkostüm! Ich war unsichtbar und nun bin ich
sichtbar. Ich war Subjekt und nun bin ich Objekt. Wobei das Wörtchen
„war" natürlich nicht stimmt. Weil ich nie etwas Anderes sein kann als
Gott, Subjekt, Unsichtbarkeit, Weite. Scheinbar jedoch ließ ich all das
hinter mir, um das Menschenspiel spielen zu können! Übrigens: dasselbe gilt für dich! Du wurdest womöglich nur noch nicht wirksam
daran erinnert!

Superspiritualität ist in Wahrheit Unmenschlichkeit! Superspirituelle
erinnern mich an dressierte Affen. Können mit Messer und Gabel
essen. Haben dabei sogar ein Lätzchen um. Wirken menschlich, bleiben äffisch. Eingeübtes Verhalten. Unnatürlich. Nicht authentisch.
Wie ein Glatzkopf mit einem Toupet, das von einem starken Windstoß
weggeweht wird!

Nun mags dir so scheinen als würde ich ungehobeltes Verhalten
nicht allein legitimieren, sondern auch noch empfehlen! Das absolute
Gegenteil ist der Fall. Ich empfehle ÜBERHAUPT KEIN Verhalten. Ich

verweise vielmehr auf den natürlichen Zustand, der frei vom Eindruck persönlicher Täterschaft ist! Du wirst schlicht was du bist! Und was deinen natürlichen Zustand verhinderte, hat das System ausgeschieden. Oder sollte ich schreiben: Ausgeschissen? Denn der Eindruck „Ich denke, ich entscheide, ich handle" ist nichts als ein großer Haufen stinkender Scheiße. Ab ins Klo damit und runtergespült!

Sela!

Das Schicksal ist alles

Wenn wir das Gute unter Ausschluss des Bösen und das Schöne unter Ausschluss des Hässlichen suchen, dann ist das so, als versuchten wir die Sterne ohne den Weltraum oder das Gedruckte in einem Buch ohne Papier zu sehen, oder als versuchten wir mit einem Sieb Wasser zu schöpfen oder immer nur nach rechts, nie nach links abzubiegen, wir würden uns im Kreis bewegen.

Obgleich die Logik der Polarität denkbar simpel ist – oder vielleicht deswegen – neigen wir dazu, sie ganz einfach unbeachtet zu lassen, weil wir so gründlich dazu erzogen wurden, dass wir alles ständig verbessern müssen, auch uns selbst, wenn wir nicht aufgrund von Untätigkeit ins Chaos abgleiten wollen.

Auf der optischen Ebene ist uns die Anerkennung von Polarität oder Dualität[19] zumeist ein Leichtes. Wie sollte wohl Helles ohne dunklen Hintergrund erscheinen können? Auf der ästhetischen Ebene beginnen die ersten Probleme, doch auch sie verstehen wir meistens zu managen. Wem missfällt schon, dass es nicht allein Schönes, sondern auch Hässliches gibt? Außer er muss sich in den Spiegel blickend selbst als hässlich bezeichnen. Oder etwas, mit dem er direkt in Bezug steht.

Wirklich problematisch wird das Prinzip der Dualität erst auf der ethischen bzw. moralischen Ebene. Denn auf ihr heißen die Pole Gerechtigkeit und Ungerechtigkeit, Krieg und Frieden, Arm und Reich, Hungrig und Satt, Gesund und Krank, etc.

Als ich mich als junger Mann im Jahr 1971-72 für mehrere Monate in Indien, unter anderem auch in Kalkutta aufhielt, sah ich an der Außenmauer einer christlichen Kirche zusammengekrümmt einen nackten, völlig verdreckten Mann liegen, so dass ich zunächst glaubte,

---

[19] Zweiheit, Doppelheit, Wechselseitigkeit.

ein Schwein zu erblicken. Ich befand mich gerade in Begleitung eines Pfarrers der Baptistenkirche und fragte ihn, was denn mit diesem Mann los sei und warum keiner ihm helfe. Denn an ihm vorbei defilierten jede Menge Leute und die meisten sahen nicht einmal hin! Der Pfarrer sagte, bei ihm komme jede Hilfe zu spät, der Mann sei nämlich gestorben. Und warum liegt er noch da, fragte ich. Die Karren, die die Toten auf den Straßen Kalkuttas aufsammeln, kommen erst morgen in aller Herrgottsfrühe wieder, antwortete er, bis dahin bleibe er liegen. Und er sagte dies in einer Selbstverständlichkeit, dass mir der Atem stockte.

Nun, seine Reaktion war keineswegs gefühllos, denn gerade er war einer, der sich hingebungsvoll für verarmte Menschen in Kalkutta einsetzte. Sie war vielmehr Ausdruck der Gewöhnung an Verhältnisse, wie ich sie von Deutschland her nicht kannte.

Es ist freilich kein Zeichen von Durchblick, wenn wir kein Mitgefühl mit all den Menschen und Tieren haben, die die negative Seite der Polarität verkörpern müssen. Und es ist mitnichten ein Ausdruck von Klarheit, wenn wir die Polaritäten nicht anerkennen oder, wie einige Pseudospirituelle, behaupten, es gäbe gar keine. Nonduales Bewusstsein sehe keine Gegensätze, nur Einheit!

Ich behaupte das Gegenteil: Nonduales Bewusstsein sieht die Gegensätze ganz besonders präzise und anerkennt sie, ohne jedoch daran glauben zu können, sie dienten einem anderen Zweck als dem der Manifestation dessen, was non-polar ist und in allen Polaritäten non-polar bleibt.

Wenn das Wort Einheit darauf verweist, dass kein Ding, kein Objekt unabhängig von einem anderen existiert und existieren kann, kann ich durchaus mit ihm leben. Wenn aber das Wort Einheit dazu missbraucht wird, die Gegensätze auszublenden und wenn diese Ausblendung dann auch noch mit dem Begriff nonduales Bewusstsein etikettiert wird, so hat das nicht das Geringste mit nondualem Bewusstsein zu tun, sondern mit den Auswürfen eines verblendeten Geistes.

Die Anerkennung der Polaritäten führt mitnichten in den Fatalismus. Ebenso wenig führt sie jedoch in das völlig nutzlose Engagement, die Polaritäten *grundlegend* zu überwinden. Und das gilt sowohl für den Versuch persönlicher als auch globaler Veränderung.

Deine persönliche dunkle Seite ist ebenso unüberwindbar wie die globale. Die Welt würde ohne Polaritäten sofort von der Bildfläche verschwinden. Wird dies klar gesehen, wirst du nur noch so funktionieren, wie dein Bodymind genetisch angelegt ist. Jede ideelle Weltsicht ist von da an Geschichte. Und alle Versuche die Welt oder auch nur deinen Nachbarn zu retten, sei es von seiner Ignoranz oder von seinem „schlimmen" Schicksal, lösen sich auf.

Zu funktionieren anstatt zu idealisieren kann freilich bedeuten, sich für ein Hilfsprojekt zu engagieren. Beispielsweise gegen die Massentierhaltung. Oder für hungernde Kinder in Afrika. Oder für eine Tafel an deinem Ort. Oder auf den Hilferuf eines Nachbarn mit Mitgefühl und/oder energischem Handeln zu reagieren. Ebenso kann es dazu führen, sich um überhaupt nichts zu kümmern. Nicht einmal um sich selbst. Jedenfalls nicht über existenzsichernde Maßnahmen hinaus. Es kommt ganz darauf an, welches interne Programm in dein Gehirn installiert ist.

Die Sichtweise, lediglich ein Bioroboter zu sein, der programmgemäß funktioniert, führt in vielen, wenn nicht gar den meisten Biorobotern, deren Programm kein Wirklichkeits-Update erfuhr, zu massiven Widerständen und Opposition. Und, wie ich feststellen musste, insbesondere bei Psychologen und Psychotherapeuten! Klar, denn würde diese Sichtweise auf die Welt als Wirklichkeit akzeptiert, wäre ihre vorgestellte Idealwelt im Arsch! Augenblicklich! Und das darf in den meisten Biorobotern gar nicht passieren. Sonst wäre, wie schon öfter erwähnt, Leben, wie wir es erfahren, unmöglich.

Wenn das Schicksal es jedoch vorgesehen haben sollte, dich zu desillusionieren, hast du Null Chance an der Wirklichkeit vorbeizusehen. Meine Sichtweise wird dir dann mehr als einleuchtend erscheinen und ein von tief innen herauskommendes „Ja, so ist es!" wird die natürliche Folge sein.

Eine nach unseren Maßstäben von Perfektion perfekte Welt kann und wird es nicht geben. Auch kein perfektes individuelles Leben. Dennoch bezeichne ich die Welt durchaus als perfekt. Und zwar schlicht deshalb, weil es zu ihr und auch allen Polaritäten in ihr keine Alternative gibt.

Sela!

Wer Visionen hat sollte zum Arzt gehen

Wenn sich das Gefühl vom unabhängig Handelnden auflöst, dann kehrt der Dualismus zurück zu seiner grundlegenden Dualität. Dualität ist ein essentieller Mechanismus in der Phänomenalität. Erleuchtung ist daher nichts anderes, als der umgekehrte Prozess vom Dualismus zur Dualität, die Auflösung des Gefühls vom unabhängig Handelnden.

Seit vielen Jahren schreibe ich nahezu jeden Tag einen kurzen und unorthodoxen essayistischen Text für meine Abonnenten. Man könnte meinen, ich sei beseelt von einer spirituellen Mission! Ich habe aber keine. In mir ist nicht ein Fünkchen Glaube wichtig zu sein, Menschen oder gar die Welt durch mein Wirken grundlegend verändern zu können.

Mein Wirken ist nicht wesentlich anders zu sehen als das, was ein leidenschaftlicher Orchideenliebhaber tut, dessen Blick jeden Morgen zunächst auf seine geliebten Blumen fällt. Woraufhin er die Gießkanne zur Hand nimmt. Im Sommer zweimal, im Winter einmal pro Woche. Ab und zu düngt er sie und auf die Raumtemperatur achtet er auch. Und natürlich vergisst er seine Lieblinge nach der Pflege nicht. Wann immer sein Blick auf sie fällt, kommt Freude auf.

Egal wie bekannt einer ist und wieviel Einfluss er auf die Welt hat, die Gemengelage von Yin und Yang verändert sich deswegen nicht. Weltfrieden ist eine schöne Idee, sie wird sich jedoch niemals verwirklichen können. Die Idee globaler Gerechtigkeit ebenfalls nicht, obgleich natürlich nach ihr gestrebt wird. Reiche und Arme wird es immer geben, egal

welches politische System gerade am Ruder ist. Ob Kapitalismus oder Kommunismus, Diktatur oder Demokratie, das Yin-Yang-Prinzip ist der eigentliche Regent in der Welt. Denn es ist eine Welt der Gegensätze und ohne diese gibt's überhaupt keine Welt.

Ebenso närrisch wie die Idee des Weltfriedens oder globaler Gerechtigkeit ist der Glaube an globales Erwachen. *Siehst du denn nicht, wie sehr das Interesse an Advaita sich mehrt? Und das immer mehr Menschen erwachen?* Wird mir oft entgegengehalten. Nun, die Menschheit hat sich schließlich rapide vermehrt. Als ich 14 Jahre alt war, lebten weniger als die Hälfte der Menschen auf diesem Globus. Genau 3 268 896 000 Im Jahr 2017 sind es 7 435 810 000 Wie sollte da der Anteil der sogenannten Erwachten nicht ebenfalls wachsen?

„Es gibt nichts Neues unter der Sonne"[20], behauptete der Schreiber des Buches Kohelet. Das war im 3. oder 4. Jahrhundert vor unserer Zeitrechnung. Was genau hat sich denn seit dieser Zeit geändert? Außer dem technischen Fortschritt. Der hat sogar ein so gewaltiges Ausmaß erreicht, dass einige Koryphäen wie Stephen Hawking, Steve Wozniak oder Bill Gates ihn hinsichtlich der Entwicklung künstlicher Intelligenz für bedenklich, ja gefährlich halten.

Chance und Risiko gabs jedoch immer. Dieses duale Prinzip hat sich niemals verändert und kann sich niemals verändern! Denn – und darin wiederhol ich mich außerordentlich gern:

Dualität ist die Basis der (illusionären) Existenz

Visionen euphorisieren! Das habe ich selbst erlebt, als ich noch glaubte, die Welt retten zu müssen und retten zu können. Damals, in meiner religiösen Ära. Euphorie und Zweckoptimismus waren jedoch die einzigen Effekte der Vision.

Klarheit desillusioniert, führt jedoch nicht in den Pessimismus. Wer Visionen hat, sollte zum Arzt gehen, sagte der verstorbene Altkanzler

---

[20] Prediger 1:9 - Bibel

Helmut Schmidt. Der war weder Pessimist noch Optimist, ganz sicher aber Realist.

Keiner von uns, auch nicht die Koryphäen, haben eine Mission zu erfüllen! Jeder von uns hat nur eine begrenzte Funktion. Und selbst die ist ersetzbar. Niemand ist wichtig, vor allem nicht so wichtig, wie sich manch eine Figur selber nimmt! In diesem Spiel sind wir alle Figuren, die ähnlich wie auf einem Schachbrett nicht selber entscheiden, ob sie ziehen oder fallen, gewinnen oder verlieren. Und ob du als Bauer, als Pferd, als Läufer, als Turm, als Dame oder König (re)agierst, darüber kannst du ebenfalls nicht entscheiden. Oder, um dich nicht allzu sehr zu brüskieren: Nur scheinbar!

Diese Einsicht stoppt dich nicht in deinen Aktivitäten. Sie nimmt dir auch nicht die Leidenschaftlichkeit und Freude, mit der du sie angehst und ausübst. Sie ernüchtert dich nur. Und befreit dich von närrischen Wünschen und Zielen, die keinerlei Aussicht auf Realisierung haben. Und das wiederum bewahrt dich vor so mancher Enttäuschung, die angesichts der Faktenlage unumgänglich ist.

Sela!

Wenn Schluss ist, ist Schluss

Bewusstsein in Ruhe ist sich seiner Existenz nicht bewusst. Es wird sich seiner nur dann bewusst, wenn dieses jähe Gefühl von ICH-BIN erscheint, dieses unpersönliche Gefühl des Sich-Bewusst-Seins.

Ja! Ja!! Ja!!!

Ruft es auch in dir? Ich meine, diese bejahende Reaktion, als du das Eingangszitat gelesen hast! Oder denkt sich in dir: Und wo bleibt denn dann mein schönes Paradies? Wo um Himmelswillen sind die Erzengel Michael, Gabriel und Uriel? Wo ist der liebe Gott auf dem goldenen Thron? Und wo sind meine nächsten Verwandten und Bekannten? Die mich am Tor zum Jenseits mit großem Hallo begrüßen, umarmen und herzen? Und wo verdammt nochmal ist die Hölle für solche Schurken wie Adolf Hitler, Josef Stalin, den römischen Kaiser Nero und natürlich auch für meinen Nachbarn, der nichts als Böses im Sinn hat? Seine Frau skrupellos betrügt und sein Auto stets bewusst vor meiner Garageneinfahrt parkt!

Und was ist denn dann vor der Geburt? Etwa kein lichtdurchfluteter Raum, in dem sich die Seele entscheidet, in welchem Land, in welcher Stadt, in welchem Dorf, in welchem Stall und mit welchem Elternpaar und in welchen sozialen Verhältnissen sie reinkarniert? Damit sie sich genau da weiterentwickeln kann, wo die Entwicklung im letzten Leben endete? Unter Berücksichtigung ihrer Karma Pluspunkte freilich...

Jenseits ist einfach die gegenüberliegende Seite des Diesseits

Die gegenüberliegende Seite von Hell ist bekanntlich Dunkel. Die gegenüberliegende Seite vom Tag ist die Nacht. Im Diesseits erscheint eine Welt voller Formen und Farben. Im Jenseits das Gegenteil davon. Und was ist das Gegenteil von Formen und Farben? Keine Formen und Farben. So einfach ist es.

Wenn ein Körper-Geist-Organismus nicht mehr funktioniert, also das ist, was man tot nennt, wird mit ihm nicht mehr wahrgenommen. Denn ohne ein Instrument kann nicht wahrgenommen werden. Das was wahrnimmt wird sich seiner selbst nur mit einem lebendigen Organismus gewahr.

In Bienen, Ameisen, Bibern, Elefanten, Stechmücken freilich jeweils anders als im Mensch. Wobei einfach nur *Mensch* zu sagen eine außerordentlich krasse Vereinfachung darstellt. Denn es gibt ja die verschiedensten Menschen. Oder sollte ich besser sagen: die verschiedensten internen Programme, die das menschliche Leben und seine Form der Wahrnehmung sowie seinen Verlauf bestimmen.

Da sind einmal die, die sich nahezu ausschließlich um Existenzsicherung und Genuss kümmern. Nicht die schlechteste Variante, denn ihnen bleibt die spirituelle Suche mit ihren krassen Höhen und Tiefen erspart. Ihnen stellen sich die großen Fragen des Lebens einfach nicht und wenn überhaupt, dann nur in Krisenzeiten und selbst dabei nur sehr oberflächlich.

Dann gibt's die, denen sie sich zwar stellen, die sich aber mit groben Vereinfachungen zufriedengeben. Dieser Typus ist relativ oft in religiösen Organisationen zu finden. Als Karteileiche auch. Der Glaube an Gott ist in ihrer Wahrnehmung eine Art Risikoversicherung, wenn das Leben nach dem Tod doch irgendwie weitergehen sollte.

Ich habe den ersten Typus früher oftmals beneidet! Denn mein internes Programm war straff auf die Suche nach Wahrheit ausgerichtet. Sie ließ mich nie los, egal wie tief ich in das sogenannte „weltliche" Leben eingetaucht war. Stets war ich chancenlos darin, die spirituelle Suche an den Nagel zu hängen. Ich habe diesen Typus aber gleichzeitig verachtet, hatte also ein recht ambivalentes Verhältnis zu ihm.

Keiner tut etwas, alles geschieht! Daher ist das Jüngste Gericht natürlich völliger Blödsinn! Wie sollte Belohnung und Bestrafung erfolgen, wenn in jedem Körper-Geist-Organismus lediglich das geschieht, was mit ihm geschehen soll und im Grunde genommen schon geschehen ist, bevor es erscheint? Die Totalität beinhaltet schließlich alles, was bedeutet, dass die Begriffe Vergangenheit, Gegenwart, Zukunft nur in der Dimension Zeit relevant sind.

Wenn du in München in einen Zug steigst, der nach Hamburg fährt, bedeutet dies ja nicht, dass Hamburg zu diesem Zeitpunkt noch nicht existiert und erst dann existiert, wenn du am Hamburger Bahnhof ankommst. Und genauso ist das mit unserer Reise durch die Zeit. Alles was du im Leben erleben wirst, ist ebenso schon vorhanden wie der Hamburger Bahnhof, also bevor er in der Wahrnehmung erscheint.

Genau genommen gibt es sowas wie „Bewusstsein in Ruhe" im Gegensatz zu „Bewusstsein in Bewegung" gar nicht. Stets ist im Bewusstsein Bewegung. Nur *für den* Organismus, der nicht mehr funktioniert, also das ist, was man tot nennt, ist Bewusstsein in Ruhe. Denn mit ihm nimmt Bewusstsein schlicht nicht mehr wahr. Dafür in allen anderen, jenen nämlich, die man als „am Leben" bezeichnet.

Die Jenseitsmärchen erfand der menschliche Geist, weil er irrtümlich annimmt, dass im Körper so etwas wie eine unsterbliche Seele existiert. Und wäre dem so, klar, dann müsste sie freilich nach dem Abnippeln des Körpers im Jenseits weiter existieren. Weil man weiterhin annahm, sie wäre der Urheber ihrer Gedanken und Taten, mussten die guten Seelen belohnt und die schlechten Seelen bestraft werden. Weil die Annahme aber falsch ist, sind es auch die daraus entstandenen Folgerungen.

Und wie erklärst du dir Nahtoderlebnisse, werde ich immer wieder gefragt. Man nennt sie nicht umsonst „Nah"toderlebnisse. Dem Tode nahe zu sein ist aber etwas Anderes als mausetot sein. Neurobiologen sehen als Ursache die Unterversorgung des Gehirns mit Sauerstoff. Und so können beispielsweise Lichtvisionen im Hinterhauptlappen entstehen, der visuellen Input verarbeitet, obwohl gar kein Licht da ist. Außerkörperliche Erfahrungen wiederum dürften im Bereich des Scheitel- und Schläfenlappens entstehen, denn diese Hirnregionen sind wichtig für das Selbsterleben des eigenen Körpers und seiner Verortung im Raum. Solche Erlebnisse gibt es nicht nur nach einem überstandenen klinischen Tod, sondern auch im Alltag, bei Krankheiten wie Epilepsie oder wenn jemand Drogen missbraucht. Im Gehirn können also verschiedene Dinge die gleichen Reaktionen auslösen.

Wozu als Seele nach dem Tod weiterleben, wenn Bewusstsein alles ist was ist? Nur ein Traum geht zu Ende. Und das mensch, anders als jeden Morgen, nun nicht mehr aufwacht. Und daher auch nicht weiß, dass er gelebt hat und starb. Nur einige Hinterbliebenen weinen um ihn. Er selbst kriegt von der Trauer um ihn nichts mit. Ihm ist auch nicht bewusst, dass seine Leiche in der Erde verrottet oder im Feuer verbrennt. Und all die zumeist verlogenen Lobpreisungen kriegt er (Gott sei Dank) auch nicht mehr mit!

Sela!

Der bequeme Weg zur Erleuchtung

Ehrlich gesagt, was ich lehre, ist der bequeme Weg zur Erleuchtung. Akzeptieren Sie einfach was ist! Was könnte bequemer als das sein?

Aber genau das, nämlich zu akzeptieren was ist, fällt mir ja so schwer, magst du klagen! Klar, denn das illusionäre Ich verkörpert das genaue Gegenteil des Akzeptierens dessen was ist. Es hat immer was zu meckern. Egal was du erreicht hast. Selbst wenn du bis über beide Ohren verliebt bist, will es diesen Zustand „halten". Da er aber nicht zu halten ist, entsteht das, was man als Sehnsucht bezeichnet. *Keinen Tag will ich dich von jetzt an mehr missen. Wir müssen heiraten!* Jedoch, wie alle Verheirateten aus Erfahrung wissen, kann die Ehe das romantische Verliebtsein nicht „halten". Im Gegenteil, die Ehe macht es über kurz oder lang kaputt. Denn Ehe führt zur Gewöhnung, so wie alles, was man längere Zeit erfährt. Es wird zur Normalität. Oder gewöhnlich!

Du kommst nicht raus aus dem Nichtakzeptieren dessen was ist, solange das Ich nicht als illusionär durchschaut wird. Es als Illusion zu durchschauen bedeutet jedoch nicht, in ständiger Akzeptanz verweilen zu können.

Die Ich-Illusion löst sich mit dem Verstehen nicht etwa auf. Dass es sich „mit der spirituellen Erleuchtung oder dem Erwachen" auflöst, ist eins der größten Missverständnisse in der spirituellen Szene. Und genau diese grottenfalsche Vorstellung trägt dazu bei, dass es sich weiterhin ausleben kann. Natürlich nicht mehr in „weltlichen" Zielen, sondern in den sogenannten spirituellen. Ja, du bist jetzt erleuchtet oder erwacht, aber nun musst du wachsen, zur spirituellen Reife gelangen, das Verständnis muss sich vertiefen, um aufsteigen zu können zur spirituellen Meisterschaft.

Ich sage nicht, dass es Vertiefung, Wachstum und Reife nicht gibt. Doch wer könnte diesen Prozess denn befördern? So wie du Gras nicht schneller wachsen lassen kannst, als es die Natur vorgibt, ebenso kannst du auch spirituell nicht schneller wachsen, als es dir bestimmt ist.

Es geht ums Verstehen, nicht ums Verändern

Das illusionäre Ich ist jedoch auf Veränderung aus. Wann kann ich endlich akzeptieren was ist? Genau aus diesem Grund - weil „du" es können willst - kannst du es nicht!

Wenn in dir beispielsweise der Wunsch entsteht, 30 Millionen Euro im Lotto zu gewinnen, ist dies genau das, was ist, wie es nun einmal ist. Das gilt übrigens für jede Art von Begehrlichkeit. Das „Ich will dies oder das" oder „Ich will dies oder das nicht" ist kein Zeichen dafür, dass du nicht akzeptieren kannst was ist, sondern schlicht ein Beweis dafür, dass du noch nicht gestorben bist! Nur Tote begehren nichts mehr.

Was ist, ist nämlich genau das, was ist! Und wenn das was ist, Begehrlichkeit ist, dann ist Begehrlichkeit genau das was ist und offenbar sein soll. Sonst wäre es ja anders!

> Akzeptieren was ist schließt nichts aus,
> sondern im Gegenteil alles ein

Gesetz den Fall du begehrst etwas, das zu begehren illegitim ist. Also beispielsweise eine Person, die schon liiert ist. Schon meldet sich eine Stimme, die sagt: Schon wieder akzeptierst du nicht was ist! Wie sonst könntest du diese Person begehren, obgleich du weißt, dass dies die Verbindung zwischen den Beiden womöglich zerstört?

Wärst du in Akzeptanz mit dem was ist, würde die Begehrlichkeit akzeptiert! Ebenso akzeptiert würde jedoch auch die Information, dass sich dein Begehren wahrscheinlich wird niemals ausdrücken können. Außer sie „soll" sich ausdrücken können! In so einem Fall

wärst du chancenlos und „müsstest" die moralische Schranke durch-
brechen!

Der KörperGeistOrganismus ist unfähig

sich seinem determinierten Schicksal zu widersetzen

Außer Widersetzen ist Teil seines Programms. Doch ob das Widersetzen von Erfolg gekrönt ist oder im Misserfolg endet, ist ebenfalls
determiniert

Es geht ums Verstehen, nicht ums Verändern

---

*Wenn ich erst mal erleuchtet bin, werde ich akzeptieren können was
ist!* Wie entsteht so ein Gedanke? Aus dem närrischen Erleuchtungskonzept. Denn das hält dir eine Mohrrübe vor die Nase, der du unter
Umständen ein Leben lang nachlaufen wirst, ohne sie jemals zu fassen
zu kriegen. Da vorne ist sie, die Akzeptanz dessen was ist. Doch da
vorne ist gar nichts außer diesem Konzept, das auf Veränderung aus
ist.

Verstehst du jedoch, dass selbst das Erleuchtungskonzept lediglich
ist, was im Augenblick ist, weil dein Gehirn konditioniert ist, nach ihr
zu suchen, fällt es von dir ab wie herbstliches Laub von den Ästen.
Denn wo solltest du ankommen können, wenn es nichts Anderes gibt
als das was Augenblick für Augenblick ist wie es ist?

Nie kann sich etwas denken oder entscheiden,

was nicht genauso ist, wie es sein soll!

Ja, mag einer erwidern, der zumindest intellektuell versteht, was
hier mitgeteilt wird, das seh ich ja ein, aber genau das kann ich nicht
(immer) akzeptieren. Nun, warum kannst du es denn nicht? Darauf
gibt es nur eine Antwort: Weil du es nicht akzeptieren *können sollst!*
Denn würdest du es können sollen, könntest du es! Sobald dies verstanden wird, wird selbst das, was du nicht akzeptieren kannst, akzeptiert.

Das habe ich auch verstanden, magst du entgegnen, aber wenns drauf ankommt, ist das Verständnis verschwunden und ich bin wieder voll im Widerstand. Nun, dann soll das so sein, sonst wäre es ja anders! Selbst das temporäre Verschwinden des Verstehens kann nichts Anderes sein, als das, was im Moment des Erlebens nur so sein kann, wie es sich gerade ereignet.

Sela!

Das Ende der Suche nach spiritueller, ideeller und materieller Erfüllung

Es scheint einen besonders perversen menschlichen Charakterzug zu geben, einfache Dinge schwer zu machen.

Warren Buffet

Wenn du es nicht einfach erklären kannst, hast du es nicht gut genug verstanden!

Albert Einstein

Wie die spirituelle Suche endet oder die Entdeckung deiner Nichtexistenz!

Das Bewusstsein, das sich selbst identifiziert hat als ein persönliches Ich, versucht nun, seine Unpersönlichkeit wieder zu finden.

Wo ist die Fanfare?

Denn diese Antwort hast du doch, insbesondere als spiritueller Hardcore-Sucher auf deine brennende Frage „Was genau soll denn eigentlich der ganze Scheiß, den man Leben nennt?" wie nix anderes gesucht!

Wie sollte das, das definitiv nicht ist, sich selbst als Nichts und Niemand wahrnehmen können ohne ein Individuum, das sich die Frage stellt, wo es herkommt, wo es hingeht und wozu es existiert?

Scheinbar suchen wir nach Wahrheit, Freiheit, Erlösung, Glückseligkeit, Zufriedenheit! In Wahrheit aber sucht das, was nicht ist und niemals sein kann, sein scheinbar verloren gegangenes Nichtsein! Ohne dass es sich als suchendes Individuum erscheint, könnte es diese Frage nicht stellen, denn nur Individuen stellen sich Fragen!

Verloren gegangen? Ist es denn wirklich verloren gegangen?

An sich freilich nicht! In der Erfahrung aber durchaus. Denn ich bin ja! Ich existiere ja! Ich bin sichtbar, fühlbar, erlebbar und in meiner Sichtbarkeit derart begrenzt, dass es mir unmöglich ist, sozusagen „hinter den Vorhang" ins Nichtsein zu blicken. Und tun wir einen Blick in die Welt, sehen wir derart viel Unordnung, Ungerechtigkeit, Chaos, dass wir den Kopf schütteln und uns sagen, dass es keinen Gott geben kann, der dies alles zulässt oder gar will!

Was wir nicht sehen – und wie sollten wir auch – ist, dass wir selbst sind, was wir verneinen.

> Du und ich, wir sind Quelle
> Freilich identifiziert mit dem Menschsein
> Ohne das es der unsichtbaren, nicht wahrnehmbaren Quelle
> zu erscheinen unmöglich wäre

Egal was mensch sucht - und in vielen, wenn nicht gar den meisten Fällen sucht er nicht die Sinnfrage zu lösen, sondern auf den verschiedensten Wegen nach Glück und Zufriedenheit - in Wahrheit sucht er stets danach, sein Nichtsein oder, wie Ramesh es ausdrückt, *seine Unpersönlichkeit* wiederzufinden. Weil er das ist und weil es das ist, was scheinbar verloren ging. Obgleich seine Unpersönlichkeit und damit auch seine Unsichtbarkeit nicht wirklich verloren gehen können, denn sie sind ja die Voraussetzung für Sichtbarkeit und die Erscheinung der Person! So wie eine weiße, fleckenlose Leinwand Voraussetzung ist für einen Kinofilm. Da wir aber innerhalb des Films des Lebens den Urheber desselben suchen, können wir ihn dort freilich nicht finden.

Wie sollte sich mit einem Bodymind identifiziertes Bewusstsein als ichlos erkennen? Als formlos? Als Leere? Als Nichts? Das würde ja seinen Tod bedeuten! Seinen vorzeitigen Tod vor dem physischen Sterben. Wer könnte das wollen? Identifiziertes Bewusstsein kann sich nicht entidentifizieren, außer ihm bleibt nichts anderes übrig!

Der Drang nach Selbsterkenntnis wird schließlich dermaßen strong, dass identifiziertes Bewusstsein an sich selbst verzweifelt! Jeder Weg zu sich selbst wird ihm verbaut, jede Selbstfindung scheitert, um schließlich völlig ernüchtert erkennen zu können, dass es sich in der Welt scheinbar voneinander getrennter Objekte niemals zu finden vermag, sondern das sie im Gegenteil von sich selbst ablenkt. Von sich selbst als dem unsichtbaren, unfühlbaren, unbedingten Subjekt, das mit der Welt der Objekte und dem, was man Persönlichkeit nennt, dermaßen identifiziert ist, dass es ihm beinahe unmöglich ist, **genau das** zu erkennen.

Oh, ruft es aus, wenns passiert, ohne die Identifizierung mit einem Bodymind wäre ich ja nicht in der Lage gewesen klar zu erkennen, dass ich in Wahrheit nicht bin. Dass ich nie war und niemals sein werde. Dass ich das bin, was vor dem Ich bin ist! Also vor dem Empfinden zu existieren. Auf meiner Nichtexistenz beruht das Wunder der Existenz. Nur weil ich leer bin kann diese Fülle erscheinen. Nur weil ich unpersönlich bin kann Persönlichkeit erscheinen. Und wie hätte ich das je erkennen können ohne die scheinbare Persönlichkeit und ohne die Suche nach dem, was ich wirklich bin?

Tusch! Denn das ist das Ende der Sinnsuche.

Und somit ist klar, weshalb sie nie zu Ende gehen kann, wenn nicht klar ist, dass das, was man Selbstfindung nennt, völlig unmöglich ist! Selbstfindung braucht ein Objekt. Und wenn es das SELBST oder die LEERE ist, an der sich das, was sich sucht, festhalten kann oder das LICHT oder die URENERGIE. Daher sagt der Meister dem Schüler, der zu ihm kommt und behauptet: Ich habe nichts!

➢ Dann wirf es weg!

Leere kann ebenso ein Objekt sein wie Gott! Doch das ist nicht die Leere, die du „bist", es ist vielmehr die Leere, die du „hast"! Du als illusionäre Person „hast" dann die illusionäre Leere. Sie ist jedoch nur ein Konstrukt deines Geistes. Ein weiteres Objekt namens Leere.

Angekommen am Nullpunkt realisiert du dich selbst als de facto vollständig leer. Und entdeckst so die Unpersönlichkeit all dessen, was sich scheinbar personifiziert hat. Allerdings identifiziert mit einer scheinbaren Person, mit der du als das, was nicht ist, als scheinbar seiend erscheinst. Und diese Identifikation löst sich mit der Erkenntnis unpersönliches Bewusstsein zu sein, nicht etwa auf. Weil die Personifizierung stets Voraussetzung ist, um sich als unpersönlich realisieren zu können. Und so schließt sich der Kreis. Einleuchtend, oder?

Sela!

Der Mensch: Bewusstsein in seiner Verkleidung

Für den göttlichen Autor drückt sich der Sinn des Lebens einfach durch ein Wort aus: lila. Es ist lediglich das Bewusstsein, Gott, der Versteck spielt.

Lila (Sanskrit: लीला) bedeutet so viel wie „Spiel, Belustigung") ist ein Begriff aus dem Hinduismus, Lila bezeichnet das göttliche Spiel, in dem Gott die Schöpfung als Spiel betrachtet. Klar ist das auch nur ein Konzept. Aber was ist denn keins, frag ich dich? Jedenfalls ist es mir weitaus sympathischer, weil um Lichtjahre intelligenter, als das christliche, das kurzgefasst wie folgt lautet:

Gott lässt sein zum Ebenbild Gottes bestimmtes Geschöpf in Sünde fallen, bestraft es dann mit ewigen Höllenqualen und die einzige Chance dieser Strafe für den *von ihm selbst initiierten* Sündenfall zu entkommen besteht darin, dass Gott sich selber ins Fleisch begibt in seinem „einziggezeugten[21]" Sohn, was bedeutet, dass er selbst, freilich in seinem Stellvertreter, also nur in der dritten Person der Dreieinigkeit, dem Holy Spirit, Mother Mary ordentlich durchfickt, um sich als Vater in den Sohn *verfleischen* zu können, um all jene, die an diesen unfassbar bekloppten Irrsinn glauben können, durch seinen Tod und vor allem sein vergossenes Blut am Kreuz zu erlösen, damit sie in den Himmel kämen, um dort in alle Ewigkeit Halleluja zu rufen und Palmwedel über dem göttlichen Haupte zu schwenken, wobei nicht alle erlöst werden, sondern nur eine winzige Minorität, nämlich jene, welcher er sich in seiner Güte erbarmt: *Denn Gott hat einmal zu Mose gesagt: Ich erweise meine Güte wem ich will... Entscheidend ist also nicht, wie sehr sich jemand anstrengt, sondern das Gott sich über ihn erbarmt!"[22]*

---

[21] Im griech. Urtext steht nicht eingeborener, sondern einziggezeugter Sohn

[22] Bibel - Römerbrief 9:15

In meiner Wahrnehmung ist dieser Glaube ein weiterer starker Beweis dafür, dass der freie Wille Illusion ist, denn wie bereits erwähnt, habe ich selbst knapp 20 Jahre an diesen hanebüchenen Unsinn geglaubt. Wobei ich gestehen muss, nie gänzlich von Zweifeln befreit gewesen zu sein.

Klar, der Begriff lila gibt uns angesichts des ungeheuren Leids auf der Welt auch zu denken. Doch Advaita hat zumindest eine logische Erklärung dafür. Und das ist zum ersten die absolute Notwendigkeit der Dualität und zum zweiten der Verweis darauf, dass der Mensch, sowie auch jedes andere Tier, jede Pflanze, ja sogar jeder Kiesel, nur Ausdruck der Quelle ist. Und das bedeutet, dass Gott jede Erfahrung macht. Auch wenn mensch blind dafür ist und daher glaubt, von seinem Schöpfer zum Leiden verdonnert worden zu sein.

Genau darin besteht jedoch lila, ein Spiel, in welchem das, was unpersönlich oder nicht ist, sich sozusagen vor sich selbst in seiner Unpersönlichkeit versteckt, um maskiert als Person[23] scheinbar als eine solche agieren zu können. Höchst intelligente Selbsttäuschung also, allerdings in jedem Fall eine mit Happy End. Denn der Tod ist eine Art Garderobe, an welcher die Maske fällt. Spätestens fällt, denn in einigen Spielfiguren entdeckt sich das was wahrnimmt bereits bei Lebzeiten.

Insofern hat Paulus sogar recht, wenn er in seinem Brief an die Römer schreibt: *Entscheidend ist also nicht, wie sehr sich jemand anstrengt, sondern das Gott sich über ihn erbarmt!* Es klingt jedoch so, als würde sich Gott über das Menschlein erbarmen. Diese an sich großartige Aussage beweist daher auch, wie sehr Paulus dem dualistischen Denken verhaftet war: Gott erhaben da oben und mensch er-

---

[23] Der Begriff entspricht dem griechischen πρόσωπον/prosopon = Gesicht, der sich wie auch das lateinische *persona* bereits in der Antike auf die Bedeutungen 'Schauspielermaske' (wie im antiken Theater), 'Rolle' (im Schauspiel oder Leben), 'Amtsstellung' und allgemein 'Person'/'Persönlichkeit' auffächerte.[2] Das Wort 'Persona' wurde auch als das 'Hindurchtönen' (*personare* = hindurchtönen, klingen lassen) der Stimme des Schauspielers durch seine Maske, die seine Rolle typisierte, verstanden. (Wikipedia)

niedrigt hier unten! Doch was ist der Mensch? Gott in seiner Verkleidung! Und somit erbarmt sich Gott über Gott – sozusagen!

Mehr als dies klar zu sehen ist jedoch keinesfalls drin! Denn die Maske besteht lebenslang. Sie wird nur als Maske durchschaut. Die Befreiung, wie sie in vielen spirituellen Kreisen propagiert wird, ist Selbsttäuschung auf hohem Niveau. Permanente Glückseligkeit ebenso.

Das Urteil über jede Lebensform lautet: Lebenslänglich! Du kommst nicht raus aus dem Gefängnis des programmierten KörperGeistOrganismus. Du wirst „erleuchtet" genauso wie jede andere Lebensform Höhen und Tiefen erleben, ebenso Freude und Schmerz, Gewinn und Verlust. Du wirst nur nicht mehr zu glauben vermögen, dass Gott dich mit den negativen Erfahrungen des menschlichen Lebens bestraft und mit den positiven belohnt. Du wirst nicht einmal mehr zu glauben vermögen, dass du etwas denkst oder tust! Oder das der Andere etwas denkt oder tut. Du wirst vielmehr in allem was passiert Schicksal sehen. Und das was wahrnimmt, in welchem alles, alles, restlos alles erscheint!

Und wozu? Nun, um zu spielen. Was sonst? Und dieses Spiel bedingt sowohl Aufbau als auch Zerstörung. Was soll's? Es betrifft dich ja nicht. Dich als das, was kein Objekt ist, sondern Objekte lediglich wahrnimmt. So wie es den Sand nicht betrifft, wenn aus ihm tagsüber wundervolle Sandburgen am Meer gebaut und von der Flut über Nacht wieder zerstört werden.

Sela!

Ich, mich, mein, mir – alles nur Worte ohne Bedeutung, im besten Fall Deutung

Wann fangen Sie an sich zu wundern, wer da atmet? Wenn etwas mit ihrem Atem nicht stimmt! Dann sind Sie sich Ihres Atems bewusst! Mit Ihrer Verdauung stimmt etwas nicht. In dem Moment werden Sie sich Ihrer Verdauung bewusst!

Ich atme nicht, ich verdaue nicht, mein gesamtes Geist-Körper-Aggregat arbeitet unabhängig von einer Instanz namens Ich. Denn ich atme nicht nur nicht, ich denke auch nicht. Und weil Aktionen aus Informationen entstehen, handle ich auch nicht!

Ich habe nicht einmal Angst! Ich sorge mich nicht! All diese Gedanken und Gefühle kommen über mich. Und wenn ich mich daran erinnere, die Angst, die Sorge anzunehmen, anstatt sie zu verleugnen oder zu verdrängen oder zu übergehen, so kann ich unmöglich sagen, dass ich mich erinnere! Denn so wie mich die Angst überfällt, ohne sie gerufen zu haben, so wie die Sorge meinen Körper wie eine Meereswelle durch- und überflutet, kommt auch die Information in mich rein, dies alles anzunehmen, zu fühlen, zuzulassen! Vielleicht erscheint zuvor einer der Merksätze von Thaddäus Golas: Kein Widerstand!

Ich, mich, mein, mir – alles nur Worte ohne Bedeutung. Im besten Fall Deutung. Weil dieses Empfinden da ist, Zentrum der Welt zu sein. Alles dreht sich nur um „mich". Ich empfinde mich hier und die Anderen dort. Aber stimmt das? Ist das wirklich wahr?

Und schließlich wird es (mir) klar! Es gibt mich nicht als Ich-Instanz innerhalb dieses Körpers. Obgleich ich das so empfinde. Alles scheint sich um mich zu drehen. Und das tut es auch!

Jedoch nur deshalb, weil ich primär Quelle bin! Und nur sekundär jenes Menschlein, dem ich mich derart verbunden fühle, dass Angst (um dasselbe) entsteht, Sorge (um dasselbe) entsteht. All das entsteht ohne mich, ohne dass ich es will, ohne dass ich es beabsichtige, ohne dass ich es irgendwo irgendwann irgendwie eingeladen hätte. Aber dennoch vermag ich nicht zu sagen, dass es nicht so geschieht, als geschähe es MIR!

Wenn es aber keinen gibt, der das alles bewirkt und es dennoch so geschieht, als geschähe es mir, muss es aus mir selbst herauskommen, muss es mir selbst entspringen. Da ich als das, was dies bewirkt - bewusst bewirkt, mein ich natürlich - jedoch nicht existiere, was bleibt mir da anderes übrig als festzustellen, dass es völlig grundlos aus mir herausquillt?

Es quillt aus mir heraus, offensichtlich, obgleich ich nicht zwingend „aus mir" sagen muss. Genügen würde auch: Es quillt. Stimmts? Es entsteht - ginge auch. Es erscheint - ebenso.

Wem aber erscheint es?

Ende Gelände! Stimmts? Jetzt bist du aufgeschmissen! Jetzt musst du dir mit Begrifflichkeiten behelfen, deren Wert gleich Null ist: Gott, Quelle, Gewahrsein, Leerheit, Bewusstsein, das was wahrnimmt, Subjekt.

Ich muss lachen. Unwillkürlich! Du auch? Weil es offensichtlich ist, dass jede Bezeichnung nur *bezeichnend* ist, also auf etwas zeigt oder etwas zeichnet, skizziert. Das aber, worauf es zeigt oder was es zeichnet, ist nicht bezeichenbar. Und das ist auch gar nicht notwendig.

Ob du die Sonne als Sonne bezeichnest, ist nur dann wichtig, wenn dein Freund bemerken würde: Schau mal, sie geht wieder auf!

Du: Was geht auf?

Er: Sie!

Du: Wie bitte? Sag doch was aufgeht! Die Tür oder was?

Deshalb sind Bezeichnungen wichtig. Nur aus diesem Grund. Sie richten deine Aufmerksamkeit dezidiert auf ein bestimmtes Objekt! Das ist an sich hilfreich und weiß Gott nicht problematisch, außer im

Falle des Subjekts. Denn weil wir gewohnt sind Bezeichnungen mit Objekten zu verlinken, machen wir auch aus dem Subjekt liebend gern ein Objekt.

Quelle bist du zu jedem Zeitpunkt, egal was erscheint. Und das was erscheint ist schlicht das was quellt. Quellen muss und zwar genauso, wie es quellt, weil es zu 100 Prozent (nicht zu 99,99) Bestimmung ist, wie was wann und wo quellt. Wobei *wann, wo und wie* sowieso nur weitere Bezeichnungen sind, die für die dreidimensionale Erscheinungswelt Geltung besitzen, nicht aber für das, was nicht bezeichenbar und auch nicht erscheinbar ist!

Was bleibt einem da anderes übrig als in Zungen zu reden? Also in einer für den Mind unverständlichen Sprache. Daher rede und schreibe ich ja vom Mindcrash. Wobei der Mind nicht außen vor bleibt. Denn zumindest kann er untersuchen, ob ich atme, ich verdaue, ich denke, ich handle. Und feststellen kann er, dass dies nicht der Fall ist. Es sei denn, er kann es nicht. Auch schon erlebt, dass hier einer zu Besuch war, der selbst auf die Frage: „Atmest du?" antwortete: „Klar, wer denn sonst?"

Da blieb mir nur übrig zu staunen über die geradezu geniale Fähigkeit des Minds vorbeizusehen am Offensichtlichen! Aber selbst dann, wenn sich diese geniale Fähigkeit die Wirklichkeit zu verleugnen verbergen sollte und daher klar erkannt wird, dass das „Ich" ein Phantasiewesen ist, muss das nicht zwingend bedeuten, dass diese Erkenntnis dein alltägliches Leben berührt oder gar verwandelt. Selbst das geschieht oder geschieht eben nicht.

Und wenn das erkannt wird, ist es das Beste, was dir passieren kann. Warum? Nun, weil das Loslassen ist. Loslassen von der Vorstellung, „ich" könnte irgendetwas bewirken.

Schachmatt. Dann aber beginnt ein neues Spiel. Sehr entspannt, weil es sich ohne einen spielt, der es spielt.

Sela!

Noumenale Klarheit versus spirituellem Spielzeug

Wenn Sie an der Phänomenalität interessiert sind, dann gibt es eine Unmenge von Angeboten. Sie können sich mit Astrologie, Wiedergeburt und einer Menge anderer Sachen beschäftigen, doch diese Dinge sind in der Phänomenalität. Wollen Sie über die Phänomenalität hinausgehen, werden diese Dinge bedeutungslos.

Nachdem ich Christ geworden war betete ich. Jeden Tag. Besser, ich sprach mit Jesus, er wurde zu einer Art Freund. Unsichtbar zwar, aber subjektiv greifbar wie jedes andere ideelle Objekt. Das begann 1967 und müsste 1987 geendet haben, jedenfalls um das Jahr rum, denn spätestens zu diesem Zeitpunkt löste die Meditation das Gebet ab. Ich begann mich mit der buddhistischen Lehre zu befassen, sonderlich der tibetischen, hörte einen Live-Vortrag mit dem aus Dänemark stammenden Lama Ole Nydal und später einen mit Sagyal Rimpoche, dem Autor des bekannten Buches „Das tibetische Buch vom Leben und Sterben".

Von letzterem erhielt ich, wenn ich mich recht erinnere, über 2 Jahre wöchentlich eine CD mit einem seiner Vorträge aus seinen Retreats. Ich befasste mich darüber hinaus damals schon mit Advaita, ZEN, Vipassana, dem Kurs in Wundern, aber auch mit Esokram wie Realitätsgestaltung, Lichtarbeit, Transformationsarbeit, Rebirthing, Out-of-Body-Experience, Rückführung, Chakra-Reinigung, Transzendentaler Meditation, Intuitivem Reading, Third-Eye-Opening, etc.

Ich ließ mich darüber hinaus zum NLP-Practitioner und später zum NLP-Master ausbilden und natürlich meditierte ich regelmäßig. Also täglich, manchen Tag 1 Stunde und mehr. Sicher habe ich in der Aufzählung einiges vergessen, macht aber nichts, denn was ich mit ihr zum Ausdruck bringen will, ist nur eins: All das bewegt sich in der Phänomenalität, also in der Welt wahrnehmbarer Objekte.

> Noumenon ist das einzig sensorisch nicht Wahrnehmbare

Es ist die Leere, die kein Objekt ist, ohne die jedoch kein Objekt wahrnehmbar wäre. Noumenon ist das, was ich gern als **Das-was-wahrnimmt** bezeichne, ähnlich einer Kameralinse, ohne die es weder Fotos noch Filme gäbe, die aber selbst auf keinem Foto und in keinem Film erscheint. Es sei denn sie wird zum Objekt, doch das wäre dann nur die Fotografie einer Linse, aufgenommen durch eine andere Kameralinse, die auf dem Foto wiederum unsichtbar bleibt.

Dem, was übrigbleibt, kann niemals ein Name oder eine Beschreibung gegeben werden, denn dies ist per Definition kein Objekt, weil ES als letztendliche Subjektivität sich selbst nicht sehen könnte und deshalb kein anderes Ding außer objektiviert als jedes Ding (das heißt alle Phänomene) ist.

Deshalb ist ES völlige und absolute phänomenale Abwesenheit und auch die Abwesenheit jener Vorstellung von »Abwesenheit«, die absolute Anwesenheit *ist. Die Phänomene sind Noumenon, welches sich selbst objektiviert; oder Noumenon ist das Subjekt, das sich selbst in Form von Phänomenen objektiviert.*[24]

Der einzige Unterschied zwischen spirituellen Objekten wie den oben aufgezählten und materiellen Objekten wie schnellen Autos, beispielsweise einem Ferrari, dem Porsche oder dem Maserati, der Harley-Davidson, der Route 66, Finkas auf Mallorca, Kreuzfahrtschiffen, schneeweißen Sandstränden auf Ko Samui, 3 Sterne Restaurants, Gala-Dinners, Sehenswürdigkeiten all over the World, Kunstwerken, der Golden Gate Bridge, dem Burj Khalifa in Dubai, Pornomagazinen und Pornofilmen, erotischen Etablissements, etc. ist die Form, mit der sie erscheinen! Essentiell aber sind sie alle identisch. Essentiell entspringen sie nämlich alle der Leere und welche Objekte begehrt werden, ist nicht unter der Kontrolle der Individuen, die die einen oder

---

[24] Wei Wu Wei „Das offenbare Geheimnis"

die anderen, oder gar beide (wenn auch zu verschiedene Zeiten) attraktiv finden mögen.

Spirituelle Menschen – also solche, die ein spirituelles Objekt präferieren – glauben zumeist über denen zu stehen, die vor allem materielle Objekte begehen. Das ist aus drei Gründen ein Trugschluss.

1. weil spirituelle und materielle Objekte derselben Quelle entspringen,

2. weil kein Individuum über die Art seiner Begehrlichkeiten bestimmt und

3. weil sie selbst ein Objekt sind, das ihnen lediglich als Subjekt erscheint.

Ergreift und durchtränkt dich noumenale Klarheit, wird die Phänomenalität aller Objekte als solche durchschaut und das Interesse an der Welt der Objekte erlahmt. Das bedeutet nicht, dass ein Objekt keine Faszination mehr auslösen könnte. Selbst ein Gänseblümchen vermag dich zu entzücken! Alle spirituellen Objekte jedoch verlieren ihre Attraktivität. Denn sie dienten ja zuvörderst dem Ziel, Erleuchtung oder zumindest ein Höheres Bewusstsein zu erlangen.

Klares Sehen führt über die Phänomenalität hinaus! Die Dinge, egal welche, werden *als Dinge* identifiziert. Selbst das *Ding an sich*, das der Philosoph Emanuel Kant als Noumenon betrachtete und bezeichnete, wird als Objekt erkannt, das zwar nicht sinnlich, sehr wohl aber intellektuell – sozusagen als *Gedankending* - wahrgenommen werden kann.

Nun muss und nun kann ich spirituell nichts mehr erreichen! Was immer ich spirituell praktizieren würde, es brächte mich kein Jota weiter. Weil Noumenon weder erreicht noch versäumt werden kann. Ich kann nicht einmal behaupten, dass ich Noumenon bin, denn Noumenon ist sozusagen vor dem Ich bin. Nicht zeitlich davor allerdings.

Wenn überhaupt, wäre beispielsweise Mediation nur noch ein Hobby. So wie andere Briefmarken oder Münzen sammeln, joggen, walken, Filme anschauen, Romane lesen. All dies hat auf seine jeweils besondere Art einen Entspannungseffekt und mehr als das ist Meditation auch nicht. Es kann sogar anspannend sein, wenn beispielsweise Erleuchtung oder Meisterschaft „erreicht" werden soll.

Wozu sollte ich meine Chakren reinigen? Wozu Rebirthing erfahren? Wozu den Körper temporär verlassen? All das dient ja nur einem Zweck: Dahin zu kommen, wo Noumenon niemals sein kann und niemals sein wird - Teil der phänomenalen Welt nämlich, die nur erscheint und erscheinen kann, weil Noumenon das Subjekt ist, das sich selbst in Form von Phänomenen objektiviert.

Potz Blitz, so einfach ist es?

Ja, so einfach ist es und als schwer verständlich oder schwer erreichbar wird es nur deshalb empfunden, weil Noumenon sich nie und nimmer als bzw. im Objekt finden kann.

Sela!

Schon immer gewusst, nur vergessen

Mit dem vollkommenen Verstehen kommt auch die Erkenntnis, dass es kein gesondertes Individuum mit eigener Handlungsfreiheit geben kann, weil dieses Individuum eben nur eine Erscheinung im Bewusstsein ist und folglich keine eigenständige, selbstbestimmte Existenz hat. Die Idee einer individuellen Wesenheit mit der Freiheit zu entscheiden ist lächerlich.

Jeder Mensch weiß das. Noch vor seiner Geburt. Schon im Mutterleib ist es ihm klar. Und dann, immer wieder, bricht es sich Bahn. Dieses Wissen. Diese Klarheit. Diese Wirklichkeit. Insbesondere dann, wenn ein Plan schiefging, den mensch für totsicher hielt. Oder Dinge passieren, die so unfassbar absurd sind, dass du nur den Kopf schütteln kannst. Im Nachhinein. Denn während die Dinge passieren, erscheinen sie gar nicht so unnormal. Im Grunde sogar ganz gewöhnlich. Und manchmal sogar folgerichtig.

Die erste Frau, die ich heiratete, liebte ich nicht. Jedenfalls nicht leidenschaftlich. Gott liebte ich leidenschaftlich und weil ich ihn liebte, heiratete ich jene Frau. Wenn ich an dieses Ereignis zurückdenke, brauche ich nicht einmal darüber nachdenken, ob es einen eigenen Willen gibt. So absurd und abwegig war es diese Frau zu heiraten, mit der mich letztlich nur eines wirklich verband und das war der absurde Glaube an den absurden dreieinigen Gott im nicht minder absurden christlichen Fundamentalismus.

Natürlich erhob sich der Zweifel schon, als wir verlobt waren. Und ich erinnere mich noch, wie ich ihr während dieser Zeit nicht nur einmal zu bedenken gab: Lass uns noch warten, womit ich eigentlich meinte: Lass es uns gar nicht erst tun! Doch das Damoklesschwert der „Brüder", die in der christlich-fundamentalistischen Gemeinde, der ich angehörte, das Sagen hatten und meinten, sie wäre die richtige, die von Gott Auserwählte für mich, schwebte über mir und ihre Argumente wogen mehr als die inneren Zweifel eines 21jährigen, der zu diesem Zeitpunkt über kein Jota Selbstbewusstsein verfügte und seinen Glaubensbrüdern voll und ganz vertraute. Und sie, die mich unbedingt möglichst schnell ehelichen wollte, weil sie nicht die einzige war, die mich damals begehrte, sie war eben auch wesentlich stärker und selbstbewusster als ich.

Die ganze Situation war absurd. Die Bibel war absurd. Der Glaube an den biblischen Gott war absurd. Meine Entscheidung diese Frau zu ehelichen war völlig absurd. Alles war absurd. Wie in einem absurden Traum wurde ich dennoch getraut. Und glaubte absurderweise daran, es sei meine Entscheidung gewesen.

Never ever!

Schau zurück auf deine Entscheidungen, deine Pläne und deren oftmalige Durchkreuzung. Schau dir an, um wieviel anders vieles in deinem bisherigen Leben verlief und glaube dann noch daran, dass du es in Zukunft besser machen kannst und besser machen wirst. Oh ja, natürlich, weil du durch Erfahrung klug wurdest! Und diese Klugheit wird dich davor bewahren, denselben Fehler nochmal zu machen. Erlaubst du mir, dass ich lache?

Und schau dich selber an. Deine Persona mein ich. Wie sie gestrickt ist. Was sie begehrt. Was sie verabscheut. Wie ist es uns nur möglich zu glauben, wir könnten etwas dafür? Frag ich mich heute. Habe ich mich natürlich nicht immer gefragt. Wie die meisten Menschen war ich darüber belehrt worden, dass ich die Verantwortung für das trage, was ich denke und entscheide. Und das ich mich ändern könne, was meine Vorlieben und Abneigungen angeht. Was meine Wünsche und Ziele angeht! Was mein Verhalten angeht!

Was für ein hanebüchener Unsinn! Sag ich heute, nachdem mir das, was wir Leben nennen, ähnlich unberechenbar erscheint wie ein nächtlicher Traum. Manchmal auch wie ein Alptraum, in dem Dinge geschehen, an die ich zuvor nicht einmal gedacht habe.

Und doch lebt die Wahrheit in dir! Während der ganzen Zeit weißt du mit Bestimmtheit, dass *dieses Individuum nur eine Erscheinung im Bewusstsein ist und folglich keine eigenständige, selbstbestimmte Existenz hat.* Jeder weiß das! Weil du nicht bist was erscheint, sondern das, worin es erscheint. Deshalb weißt du es.

Doch die Wahrheit hält sich zurück. Sitzt im Wartezimmer. Und in den meisten Fällen sitzt sie dort lebenslänglich. Sie sitzt dort und wartet und hält sich zurück, weil es dir bestimmt ist an den eigenen Willen zu glauben und den Traum so zu erleben, als wärst du der Denker deiner Gedanken und der Täter deiner Taten. Und wenn das Gefängnis dieser Überzeugung ohne jedes Indiz seine Tore nicht öffnet, bist du chancenlos jemals seine Mauern zu verlassen.

Ich erinnere mich, wie die Wahrheit immer wieder hereinbrach in mein armseliges Dasein als vermeintlicher Täter. Und dann sonnenklar war: Oh nein, ich handle nicht, mich gibt's überhaupt nicht als Täter. Oh wie rein ich mir da jeweils erschien, als hätte ich niemals etwas verbrochen, niemals jemanden verletzt, weder andere noch mich!

Tja, da war sie wieder, die namenlose Wirklichkeit. Ohne dass ich sie gerufen hatte. Ohne dass ich sie erwartet hatte. Und immer erschien es mir dann so, als hätte ich das schon immer gewusst. Nur vergessen ...

> Das was du bist, hat niemals irgendetwas getan, weder Gutes noch Böses. Das was du bist, ist jenseits von dem was erscheint. Erscheint als die Person, die du meine nennst. Erscheint als andere Personen in dem, was du Welt nennst. Das alles spielt sich gänzlich ohne dich ab.

Das was du bist rührt keinen Finger. Es schaut dem Ganzen nur zu. Besser: Es nimmt wahr was geschieht, ohne der Verursacher dessen zu sein. Auch nicht der Strippenzieher hinter der Bühne. Was du wirklich bist nimmt nur wahr.

> Das was du bist, bedarf keiner Idee, keiner Absicht, keiner Kraft,
> keiner Initiative, keiner Architektur, keines Plans, keines Ziels,
> damit all das erscheint.
> Nur indem wahrgenommen wird,
> erscheint sie, die Welt. Als hätte es niemals keine gegeben.
> Es bedarf weder eines Knalls noch der Evolution.
> Was du bist, braucht weder 7 Tage noch 7 Stunden,
> nicht einmal 7 Sekunden, um Himmel und Erde zu erschaffen.
> Es braucht nur wahrzunehmen.
> Und schon erscheint die Zauberwelt,
> welche niemals begann und daher niemals endet.

Du fragst: Wie das möglich sein soll?

Gegenfrage: Klingt denn die aberwitzige Theorie der göttlichen 7-Tage-Welterschaffung intelligenter? Erklären die nicht weniger aberwitzigen wissenschaftlichen Theorien – Urknall und Evolution – etwa klüger die Entstehung des Universums, der Erde, der Arten?

Gott braucht überhaupt keine Zeit, um Welt hervorzubringen. Weil er die Welt ist, immer war, immer sein wird. In Wahrheit gibt es nicht einmal Zeit und daher ist das Wort „immer" irrelevant. Zeit, Raum und Kausalität sorgen lediglich für das notwendige virtuelle Spielfeld für das Spiel Gottes.

Ein Spiel, in dem er sich scheinbar verloren geht und sich ebenso scheinbar wiederfindet. Ein verrücktes Spiel, in dem er alles wird, alles was existiert, ohne es jemals wirklich zu sein. Ein selbstvergessenes Spiel. Ein gleichermaßen faszinierendes wie grauenvolles Spiel. Das Gott jedoch mit sich selbst spielt. So dass ihn niemand auf die Anklagebank setzen und ihn für all den Mist, der passiert, verurteilen kann. Obgleich selbst das absurderweise geschieht – dass *Gott als Mensch hier unten* sich als *Gott da droben* fragt: Wie kannst du nur all das Grauen zulassen? Und sich womöglich umbringt. Aus Verzweiflung über eine ach so grausame Welt, die es allerdings nur dem Anschein nach gibt.

> Gott kann sich immer nur selber passieren!

Daher – wenn du Scheiße baust, baut sie Gott! Wenn du Krebs oder Multiple Sklerose kriegst, kriegt es Gott! Wenn du überglücklich bist, ist Gott überglücklich! Schlicht deshalb, weil du bist, was Gott ist.

> Das bedeutet Advaita: Nicht-Zwei

Gott, Bewusstsein, Gewahrsein, Subjekt, Leere, das-was-wahrnimmt. Wie immer du das bezeichnen willst, was du bist, ohne es jemals zu sein. Denn Sein ist ein Traum. Sein ist der Traum Gottes, in dem er sich selbst als Mensch, als Gazelle, als Löwe, als Tomate erscheint, ohne es zu sein und je sein zu können, weil er das ist, womit und worin alles erscheint. Doch seine Genialität ist so überwältigend, dass er sich in den wenigsten Individuen selbst entdeckt. Um das (Versteck)Spiel spielen zu können, in dem er scheinbar all das wird, was er nicht ist und niemals sein kann.

Und dieses Spiel spielt sich weiter im Mensch. *Insofern* ist er de facto Ebenbild Gottes. Denn was macht mensch denn am liebsten? Spielen natürlich. Selbst das, was wir Arbeit nennen ist letztlich ein Spiel. Und deshalb macht uns die Arbeit immer dann am meisten Spaß, wenn wir sie spielerisch ausüben können. Und am wenigsten Freude, wenn sie „nur" der Existenzsicherung dient.

Schau dir die Summen an, die für die Produktion von Filmen ausgegeben werden. Um die 90 Milliarden allein die, die sie in Hollywood produzieren. Hinzu kommen Video-Spiele. 42 Prozent der Bevölkerung Deutschlands nimmt daran teil. Der weitweite Umsatz von Video-Games beträgt im Jahr 2017 um die 75 Milliarden Dollar. Oder das Lieblingsspiel der Deutschen: Fußball. Gesamtumsatz des europäischen Fußball Marktes: 22 Milliarden. Der teuerste Fußballspieler der Welt ist derzeit mit 105 Millionen Euro Transfersumme Paul Pogba.

Wieso wird denn das Geld nicht für die hungernden Menschen in aller Welt ausgegeben? Wieso denn nur für nutzlose Spiele? Nun, die Fakten unterstützen meine Theorie, dass diese Welt nichts Anderes ist und sein kann als das Spiel Gottes, das er mit sich selbst spielt, denn außer ihm ist ja keiner. Was immer an Figuren rumläuft, ist Gott selbst als der einzige Spieler in all den Figuren, die im Fußball so berühmte Namen wie Ronaldo oder im Film Leonardo DiCaprio tragen.

Ist man sich dessen bewusst ist, dass es sich nur um eine Theorie handelt, könnte man sagen: Wenn einer spielsüchtig ist, dann ist es Gott! Um spielen zu können nimmt er Hunger, Elend, Folter, Krieg, Dummheit, Perversion, einbruchsichere Gefängnisse, Verbrecher, neurotische Diktatoren, etc. in Kauf. Denn all das erleidet Gott in seiner Manifestation ebenso wie er sich am Spielen erfreut. Und wie ich schon mehrfach ausführte, ist die Existenz von Gegensätzen nun einmal der Preis der Manifestation.

Sela!

Maximale Erfüllung all deiner spirituellen und materiellen Wünsche

Spirituelle Lehrer haben uns unzählige Male gesagt, dass man es, solange man es will, nicht haben kann, doch sobald man alles aufgibt, alles haben kann. Aber es bleibt die Frage: Wie gibt man das Wollen auf?! Was soll man dazu tun? Die Falle dabei ist, dass hinter jeder Entscheidung das Wollen steht und somit diese Handlung durchdringt. Dieses Wollen loszulassen kann nur geschehen!

Gibt's denn keinen Trick und keine Technik, um das Wollen loszulassen, um endlich die Erfüllung meiner Wünsche und Ziele zu erfahren? Allein die Frage beweist, dass du festhalten willst an deinen Wünschen und Zielen. Das ist in etwa so, als würdest du deine Essgewohnheit lediglich deshalb ändern, weil du unbedingt dein Gewicht reduzieren willst. Doch selbst dann, wenn du das durchziehen könntest, wäre die Diät nur ein Mittel zum Zweck. Daher ist es in den meisten Fällen so, dass die alte Essgewohnheit zurückkehrt, sobald dein Ziel erreicht ist. Und daher musst du einige Wochen oder Monate später denselben Prozess wiederum mühsam durchlaufen.

Loslassen *geschieht*! Ebenso wie eine neue Ernährungsweise geschieht, wenn dein Organismus die Führung in dieser Sache übernimmt. Und die Voraussetzung ist in beiden Fällen keine Technik, sondern eine Erkenntnis.

Was die Ernährungsweise angeht ist es oft die Erkenntnis, dass Gewicht und Essgewohnheit korrelieren. Zwar gibt's Organismen, die offenbar futtern können was immer sie wollen, ohne Fett anzusetzen, doch das sind Ausnahmen. Meistens sind es zu viele Kohlehydrate, die die innere Verbrennungsmaschine nicht bewältigen kann, und die Folge ist Übergewicht. Kann sich diese Erkenntnis durchsetzen, ist beispielsweise eine Ernährungsweise wie Low-Carb, Paleo oder das uralte FDH-Ding das natürliche Ergebnis.

Kann sich die Erkenntnis „Das Schicksal ist alles" durchsetzen, ist Loslassen der Wünsche und Ziele das natürliche Ergebnis. Wie sollte ein KörperMindOrganismus daran **festhalten** können, in dem die Vorstellung, Ziele und Wünsche *in Eigeninitiative* erreichen zu können, starb und zu Grabe getragen wurde? Völlig unmöglich!

Dann WIRD losgelassen. Keiner mehr da, der das tun muss! Und nur der behindert das, was man Loslassen nennt. Solange die Illusion persönlicher Täterschaft das Denken und Handeln beherrscht, ist es mit dem Loslassen ähnlich wie mit einer Diät: Kurzfristig magst du Erfolge verzeichnen, langfristig wird sich die Gewohnheit des Festhaltens wieder durchsetzen.

Du magst mich nun fragen: Was ist denn dann mit deinem Versprechen im Untertitel: *Maximale Erfüllung all deiner spirituellen, ideellen und materiellen Wünsche durch die radikale Befreiung vom illusionären Eindruck persönlicher Täterschaft.* Etwa nur ein Trick, damit ich dieses Buch lese?

Ja und Nein!

Ja, weil jeder Fischer, also auch ein Menschenfischer wie ich, einen schmackhaften Köder benötigt, um Fische, respektive Menschen an die Angel zu kriegen. Und was könnte schmackhafter sein als der Köder „Maximale Wunscherfüllung oder Zielerreichung?" Der Beweis dafür liegt doch auf der Hand: Das Wunscherfüllungsbuch „The Secret", das allerdings auf einer brutalen Lüge basiert, schaffte es auf die Bestsellerliste der New-York-Times und verkaufte sich weltweit 7,5 Millionen Mal.

Nein, weil der Begriff „maximal" schlicht „größtmöglich" bedeutet. Und genau das ist bezüglich deiner materiellen, ideellen und spirituellen Ziele der Fall, wenn sich der Eindruck persönlicher Täterschaft als illusionär herausstellt.

Weil dann glasklar ist:

> Maximal ist das, was ich erlebte, gerade erlebe und noch erleben
> werde,
> denn mehr als das war und ist einfach nicht drin!
> Das Schicksal ist alles!

Aber genau das wird nun ohne Wenn und Aber akzeptiert und so kehrt Zufriedenheit und Harmonie ein. Denn was genau ist es denn, das du mit Zielerreichung und Wunscherfüllung verbindest? Letztlich verbindest. Ist es etwas Anderes als innere Zufriedenheit und äußere Harmonie? Geh deinen spirituellen Zielen und materiellen Wünschen einmal auf den Grund und du wirst herausfinden, dass es dabei letztlich um nichts Anderes geht.

Die Dekonditionierung des Eindrucks persönlicher Täterschaft könnte man als Wegabkürzung bezeichnen. Wie hat es doch Ramesh Balsekar so schön als Titel eines seiner Bücher formuliert:

> Wo nichts ist, kann auch nichts fehlen

Obgleich es dir nicht bewusst sein mag: Was du suchst bist du selbst! Und dich selbst vermagst du nicht zu finden. Es sei denn, du landest in dem, was man Leerheit oder Nichts nennt. Und damit im Ursprung, der Quelle von allem. Nur in der Leere, in welcher alles erscheint, ist jene Zufriedenheit und Harmonie, die du meinst in der Erreichung von Zielen, in der Erfüllung von Wünschen, erfahren zu können.

In vielen Fällen benötigt mensch jedoch die Erfahrung einiger, manchmal auch vieler Objekte seiner Begierde, um sich dessen bewusst zu werden, dass sie am Ende, wenn sie wie köstliche Eiscreme ausgelutscht sind, Leere hinterlassen. Wie auch anders? Sie sind ja alle in der Leere und aus der Leere entstanden und wirken nur so lange voll, wie sie uns den Eindruck zu vermitteln vermögen, uns erfüllen zu können.

Jeder Mensch erlebt diese Leere nachdem das Objekt der Begierde seine Faszination verliert, in wenigen findet sich jedoch die Bereitschaft, von der Illusion abzulassen, dass jedes Objekt, gleichgültig wie lange es uns begehrenswert erscheint, niemals begehrenswert bleibt! Daher wird in immer neuen Objekten das gesucht, was uns im jeweils letzten versagt blieb.

„Gibt es denn anschließend keine Wünsche mehr?", werde ich oftmals gefragt. Doch, die erscheinen noch, aber weitaus nicht mehr so oft, vor allem nicht zwanghaft, sind aber, wenn sie erscheinen, nicht mehr mit der absurden Vorstellung verlinkt, ohne deren Erfüllung fehle dem Leben etwas ganz Entscheidendes. Die Einstellung ist vielmehr so: Erfüllt sich der Wunsch wäre es super, erfüllt er sich nicht, ändert sich nichts an meiner grundlegenden Zufriedenheit!

Ein Wunsch ist nun nicht mehr ideeller, sondern funktionaler Natur! Dessen Erfüllung könte das Leben zwar durchaus angenehmer, jedoch nicht etwa noch zufriedener oder harmonischer machen.

Am Ende wäre noch die Frage zu klären, ob es denn tatsächlich so ist, *dass man es, solange man es will, nicht haben kann, doch sobald man alles aufgibt, „alles" haben kann?* Wenn man unter „alles" den Besitz „aller" Objekte versteht, ist die Antwort natürlich Nein! Versteht man jedoch unter „alles" die Klarheit, die Quelle all dessen zu sein, was erscheint, ist die Antwort ein klares Ja.

Sela!

Ich bin Gott! Du bist Gott! Alles ist Gott!

Es gibt eine schöne Sufi-Geschichte, in der einer der Sufis öffentlich ausruft: Ich bin Gott! Und er wurde von der gläubigen Menge gesteinigt.

In dieser Nacht hatte einer der Personen, die ihn gesteinigt hatten, einen Traum. In diesem Traum sah sie Gott, wie er den toten Sufi mit offenen Armen empfing. Also fragte der Steinwerfer Gott: Du hast den Pharao in die Hölle geschickt, weil er gesagt hat: Ich bin Gott! Der Sufi hat das gleiche gesagt, doch du heißt ihn im Himmel willkommen!

Gott antwortete: Als der Pharao ausrief: Ich bin Gott, dachte er an sich selbst! Als der Sufi ausrief: Ich bin Gott, dachte er an Mich!

Die gleichen Worte und doch eine jeweils völlig andere Bedeutung! Von außen betrachtet haben zwei Menschen mit den gleichen Worten die Wahrheit zum Ausdruck gebracht. Doch nur einer sagte mit der Wahrheit die Wahrheit. Der andere log mit der Wahrheit!

Ich bin Gott! Das ist keine Überheblichkeit, sondern schlicht die Wahrheit, die ganze Wahrheit und nichts als die Wahrheit. Doch „Ich bin Gott" gilt für jeden von uns. Für das größte Genie und den größten Trottel. Es gilt sogar für einen Regenwurm, eine Motte.

Nichts existiert, das nicht Gott ist

Wenn du Gott so siehst, sagst du die Wahrheit. Siehst du „nur" dich, liegst du daneben. Weit besser wäre, dich, wenn du von „dir" sprichst, als „Nichts" zu bezeichnen.

Diesen Spagat gilts zu machen! Ich bin Gott, ja, ohne Frage, jedoch – und das ist der Spagat - in Menschengestalt. Das ist die Einschränkung, die Gott braucht, um sich selbst erscheinen zu können. Er braucht diesen Bioroboter, um (sich) wahrnehmen zu können.

Und daher ist die Selbstvergessenheit Gottes normal! Wie sollte er sich als Gott erkennen, während er als Kind in die Windeln scheißt und seinen Eltern mit seinem Gezeter auf die Nerven geht? Wie sollte er sich als Gott erkennen, während er in der Schule wie jeder andere Schüler büffeln muss, gemaßregelt wird? Wie sollte er sich als Gott erkennen, während er in die Pubertät kommt und mit Gefühlen zu kämpfen hat, die er bis dahin nicht kennt? Wie sollte er sich, erwachsen und Mitglied der menschlichen Gesellschaft geworden, als Gott erkennen?

Stell dir vor, du sitzt in einem Straßencafé, trinkst gemütlich einen Cappuccino und plötzlich siehst du einen, der mitten auf der Fußgängerzone schreit: Ich bin Gott! Ich bin Gott! Womöglich noch nackt! Oder eigenartig bekleidet! Welcher Gedanke schießt dir in den Kopf? Mal ganz ehrlich!

Ein Irrer! Nichtwahr? Der ist übergeschnappt! Der hat sie nicht mehr alle beisammen!

Was natürlich sein könnte! Es gibt diese „pathologischen" Fälle. So einer könnte auch proklamieren, dass er Napoleon ist! Es könnte jedoch ebenso sein, dass wir es mit dem Phänomen der Erleuchtung zu tun haben! Es ereilt die Wenigsten. Und wenn, dann zumeist im Stillen. Kaum einer wird auf die Straße geschickt, um es zu proklamieren. Wobei ich nicht umhin kann zu gestehen, dass ich manchmal solche Anwandlungen habe...

Ich habe einmal meine Frau damit schockiert! Wir befanden uns in München am Stachus und ich erinnerte mich an die Zeit, als ich genau dort als junger Mann predigend auf einer umgestülpten Obstkiste stand. Und plötzlich war mir danach mich auf eine Mauerbegrenzung zu stellen und den Menschen, freilich ganz anders als früher, zuzurufen: Ich bin Gott, ihr seid Gott, nichts ist nicht Gott! Als ich es Iris sagte, drohte sie mir: Wenn du das machst, lasse ich mich sofort scheiden! Das war ziemlich ernüchternd, doch Ihre Nüchternheit hält mich am Boden...

Insbesondere dann, wenn ich die ungeheure Unwissenheit und Beschränktheit, die von Menschen ausgeht, „körperlich" spüre - in solchen Momenten hilft mir der Gedanke an die Selbstvergessenheit Gottes besonders!

Gott muss nicht mit jedem Menschen wissen, dass außer ihm nichts existiert. Weils ja so ist!

Mr. Donald Trump muss ja auch nicht immer bewusst sein, dass er Mr. Präsident ist! Was ja offenbar auch der Fall ist, wenn man sich beispielsweise das von ihm selbst getwitterte Video ansieht, in welchem er als Wrestler auf den Kopf eines Journalisten eindrischt, dessen Kopf aus drei Buchstaben besteht: CNN! Auch wenn er sich nicht der Würde des Amtes entsprechend verhält, ist er nun mal der Präsident der Vereinigten Staaten von Amerika.

Ich bin Gott! Du bist Gott! Alles ist Gott! Den einen ist dies bewusst, den anderen nicht. Das ist der zwar nicht der einzige, jedoch der relevanteste Unterschied zwischen Menschen. Doch die Selbstvergessenheit Gottes macht das Menschenspiel doch überhaupt erst möglich! Stell dir vor alle würden es wissen! Das Spiel wäre sofort am Ende! Wir würden alle rumsitzen und unser Gottsein genießen. Es würde noch nicht einmal auffallen, wenn einer auf die Straße rennt und ausruft: Ich bin Gott! Klar doch, würden alle denken, sowieso klar. Was denn sonst? Warum schreist du eigentlich so?

Freilich kannst du sagen: Aber das wäre doch super! Die Welt wäre ein Ort des Friedens. Grenzen wären unnötig. Keiner würde dem anderen was neiden. Keiner würde im anderen einen Feind sehen können. Krieg wäre völlig unmöglich. Unmöglich wäre auch, 1,6 Billionen Dollar für Kriegsgerät auszugeben und Millionen von Menschen elend vor die Hunde gehen zu lassen! Die Kardinäle wurden ihre Roben ablegen. Die Mullas würden die Gläubigen nicht mehr indoktrinieren. Israelis und Palästinenser würden sich an den Kopf greifen ob ihrer über 70jährigen Fehde! Kirchen und Moscheen würden nur noch als Museen besucht.

Wenn es so toll wäre, warum macht Gott sich dann nicht mit jedem Menschen offenbar, frage ich dich? Wäre doch eine seiner leichtesten Übungen, oder? Weshalb geschieht es denn aber nicht?

Ich behaupte, dass Welt genauso, wie sie ist, sein soll. Sonst wäre sie sicherlich anders. Sonst wäre sie so, wie oben beschrieben. Es mag dir unfassbar und auch nicht akzeptierbar erscheinen, in meiner Wahrnehmung aber ist die Selbstvergessenheit Gottes weitaus genialer als seine Selbstoffenbarung!

Gott muss nicht wissen, dass er Gott ist, weil er es ja ist!

Ja aber all die Ungerechtigkeit auf dem Globus! Menschen in Not! Menschen im Elend! Politiker, die nur in die eigene Tasche wirtschaften! Um nur einige der Unzulänglichkeiten und Mängel zu nennen, die uns allen zu schaffen machen. Wenn wir nicht sehen, was Wirklichkeit ist.

Wirklichkeit ist – und darin wiederhole ich mich überaus gern – Wirklichkeit ist, dass Dualität die Basis der Existenz ist. Es muss Gerechtigkeit und Ungerechtigkeit geben. Und wenn du mich dann fragst: „Aber warum nur so viel davon?" erwidere ich: „Weil die Medien fast ausschließlich davon berichten!"

Ich wage zu behaupten, dass Helles und Dunkles sich exakt die Waage halten. Doch über Helles berichtet kaum jemand. Nicht weil so wenig davon gibt. Es interessiert einfach keine Sau! Wonach mensch giert, ist der Skandal. Boris Becker muss den Offenbarungseid leisten, las ich gestern. Das interessiert uns, das müssen wir lesen. Dass er als Mensch äußerst freigiebig war und viele finanziell unterstützte ist eine Randnotiz nur.

Ein Bauer ohne TV und Radio und I-Phone und Zeitung irgendwo auf einer Alm würde von all den Ungerechtigkeiten auf diesem Globus überhaupt nichts mitbekommen. In seiner Wahrnehmung wäre die Welt vollkommen in Ordnung. Und ein Kalb, das sich verläuft und gesucht werden muss oder ein Blitz, der in einen Baum einschlägt und ihn spaltet, wären die einzigen „Katastrophen", die er erleben würde.

Um sich an sich selbst erinnern zu können, muss Gott sich selbst vergessen. Selbst darin erkennst du das Gesetz der Dualität. Wie sollte ich mich daran erinnern, dass ich mein I-Phone im Auto liegen ließ, wenn ich es nicht zuvor genau dort vergessen hätte! Und wie groß ist die Freude, wenn ich es wiederfand? Wenn ich es ständig bei mir trage, wird es gewöhnlich.

So ist das auch mit der Erleuchtung: „Oh ich bin Gott!" Der Sufi konnte nicht mehr an sich halten! Obgleich er wusste, dass es seinen Tod bedeuten würde. (Weitaus mutiger als ich war der Sufi, der ich „nur" eine Scheidung zu befürchten hatte….)

Sela!

Der Sinn des Lebens ist das Leben, sonst nichts

Der Sinn des Lebens wird ganz klar, wenn das Ganze dessen was ist, verstanden wird: Das Leben ist einfach ein Tanz, dessen ganzer Sinn und Zweck im Tanzen besteht, und wenn der Tanz vorbei ist, bist du genau da, wo du warst, auf dem Boden! Wenn du tanzt, hast du nicht das Gefühl irgendetwas erreichen zu müssen. Vorher war Stille, dann begann die Bewegung des Tanzes, und wenn der Tanz endet, ist wieder Stille.

Dies klar zu sehen und ich sage ganz bewusst „sehen", nicht etwa nur „erkennen", bedeutet praktisch durchs Leben zu tanzen anstatt was auch immer in ihm zu suchen. Egal um was es dabei auch geht: Ideelles wie beispielsweise Weltfrieden oder globale soziale Gerechtigkeit. Materielles wie beispielsweise Reichtum, Gesundheit, Erfolg. Spirituelles wie beispielsweise Kosmisches Bewusstsein, Erwachen, Erleuchtung.

In einem Moment ist die Suche vorbei und kehrt nie mehr zurück! Zurück bleibt dauerhafter oder stabiler innerer Friede. Ich nenn ihn gern „dick" oder auch „hart wie Stahlbeton".

Stabiler innerer Frieden ist nichts anderes als unsere wahre Natur. Sie ist vollkommen unpersönlich, seelenlos, emotionslos, gedankenlos, kurz: objektlos! Ein durch und durch friedvoller Block - sozusagen! Alle Vorstellungen dieses inneren Zustands greifen jedoch zu kurz.

Es ist jedenfalls nicht das, was man unter *Erfahrung* versteht. Denn Erfahrungen kommen und gehen. Unsere wahre Natur ist schon vorhanden, bevor sie sich durchsetzt und daher unser menschliches Leben ungestört von allen weiterhin vorhandenen Affekten und Affinitäten dominiert.

Was immer wahrgenommen wird an Formen und Farben – ohne Bewusstsein existiert all dies nicht. Dies ist eigentlich nicht schwer zu verstehen. Du brauchst dir nur die Frage zu stellen: Könnte die Welt existieren, würde sie nicht wahrgenommen? Selbst ein Wissenschaftler, nämlich der Physiker und Biologe Ulrich Warnke, behauptet, ohne Bewusstsein existiere gar nichts. Und er fügt hinzu: „Das Gegenteil lässt sich nicht einmal beweisen, denn dazu bräuchte man wiederum ein Bewusstsein."

Weshalb nimmt eine Ameise, eine Biene oder ein Hund die Welt anders wahr als ein Mensch? Gibt es denn verschiedene Welten? Die Antwort ist:

Es gibt gar keine Welt! Es gibt nur Bewusstsein

Und in der Ameise, der Biene, dem Hund und dem Menschen wird Welt lediglich jeweils anders wahrgenommen. Wahrnehmung differiert, weil Welt nur in dem was wahrnimmt, erscheint. Wie ist es beispielsweise möglich, dass die Wahrnehmung der Welt sich unter Drogeneinfluss, beispielsweise LSD, stark verändert? Weil Welt an sich keine Wirklichkeit darstellt. Wie sie wahrgenommen wird, hängt daher davon ab, wie sie uns jeweils erscheint!

Letztlich gibt's nur das was wahrnimmt! Oder Bewusstsein, Gewahrsein. In Ameisen und Bienen, Hunden und Menschen differiert lediglich die Art die Wahrnehmung.

Ohne Form nimmt das was wahrnimmt nicht(s) wahr. Das ist jedoch kein Problem, sondern schlicht Bewusstsein, das ruht. Ist es aktiv, nimmt es wahr. Und was nimmt es wahr? Natürlich sich selbst, denn es gibt ja nichts außer ihm. Somit ist das, was wir als Welt bezeichnen, nicht mehr als *das was wahrnimmt* in seinen vielfältigen Möglichkeiten, sich selbst wahrzunehmen. In einer Ameise freilich anders als in einem Krokodil. In einem Pygmäen freilich anders als in einem Amerikaner. In einem Moslem freilich anders als in einem Freigeist.

Weshalb sehen die meisten Menschen das nicht? Weil das was wahrnimmt sich einschränkt oder begrenzt auf die Form, in der es *sich selbst* erscheint. Und weshalb tut es das? Weil es die einzige Möglichkeit ist, um sich selbst auf vielerlei Weise erscheinen zu können. Dafür nimmt es gigantische Selbstbegrenzungen in Kauf.

Eingeschränkt auf die jeweilige Form nimmt es nur so viel von sich oder an sich selbst wahr, wie es die Form zulässt. Das ist jedoch kein Malheur, denn die Selbsteinschränkung ermöglicht ihm gleichzeitig unzählige Perspektiven bzw. Lebensweisen auf sich selbst.

In der Lebensform eines Menschen nimmt das was wahrnimmt sich selbst freilich als Mensch wahr. Als Mensch inmitten anderer Menschen. Und all dem, was sich aus dieser Mensch-Perspektive an Formen, Farben und Bewegung darbietet. Um sich in der Vielfalt zu orientieren, bezeichnet es jede Form und Farbe mit einem spezifischen Namen oder Begriff. So kommt die Welt der Begriffe zustande. Die es in Wahrheit ebenso wenig gibt wie die Welt selbst.

Soweit wir wissen ist mensch die einzige Lebensform, in welchem das was wahrnimmt sich selbst als das was wahrnimmt zu realisieren vermag. Geschieht das, werden zwar weiterhin alle Formen und Farben in ihrer Vielfalt und Verschiedenartigkeit wahrgenommen, sie werden jedoch gleichzeitig als das durchschaut, was sich sozusagen sichtbar, fühlbar, wahrnehmbar gemacht hat.

Viele spirituelle Lehrer bezeichnen das spirituelle Erwachen als eigentlichen Sinn des menschlichen Lebens. Dies sehe ich vollständig anders! Schon allein deshalb, weil in den allermeisten Lebensformen kein spirituelles Erwachen geschieht. Wäre spirituelles Erwachen der eigentliche Sinn des menschlichen Lebens, wieso zum Henker erkennen ihn dann die meisten Menschen überhaupt nicht? Wieso bleiben sie in ihrer Wahrnehmung auf Existenzsicherung und Arterhaltung beschränkt? Und natürlich auf Lustgewinn in verschiedenster Form.

> Das was wahrnimmt hat es nicht nötig zu sehen,
> dass es alles ist was ist.
> Denn es **ist** ja alles was ist!

Und seine Genialität besteht ja gerade darin, sich vor sich selbst zu verbergen. Wie anders sollte es auch all die verschiedenen Perspektiven auf sich selbst erfahren können? Es wäre völlig unmöglich!

Der Sinn des Lebens ist das Leben selbst,
---

behauptete Johann Wolfgang von Goethe und mit dieser Aussage lag der deutsche Dichterfürst ebenso so richtig wie er in vielen anderen Aussagen falsch lag!

So wie sich dir das Leben im Moment darstellt, so *erfährt* das, was man ebenso das was wahrnimmt wie Gott nennen kann, sich selbst! So *lebt* Gott sich selbst! Genauso und keinen Deut anders!

Ist (dir) das einmal klar, hören alle Versuche auf, dein oder das Leben anderer Menschen grundlegend verändern zu wollen. So wie du bist, so sollst du, so wie der Andere ist, so soll der Andere sein. Und wenn er gerade auf dem Veränderungstrip ist, lässt du ihn strampeln, weil du siehst, dass Gott strampelt. Es sei denn, in ihm wird das Interesse an der absoluten Wahrheit wach. Dann stehst du ihm freilich mit der entsprechenden Information zur Verfügung.

Wie sollte sich das was wahrminnt anders wahrnehmen *wollen*, als es sich gerade wahrnimmt? Manchmal erlebt es sich als strebend. Dann wieder als suchend oder als unzufrieden, frustriert, deprimiert, ja selbstmörderisch. Was geht dich das an? Denn in dir nimmt es sich auf genau die Art und Weise wahr, wie du deine Erlebniswelt gerade erfährst.

Wenns dir bestimmt ist, die Erfahrung von Reichtum zu machen, ist es eine der leichtesten Übungen dessen, was wir anstelle von Bewusstsein oder Gewahrsein ebenso Schicksal oder Bestimmung nennen können, dich als eine seiner Figuren so wohlhabend oder noch wohlhabender als Warren Buffet zu machen! Wenn du dazu erwählt bist lediglich die Erfahrung des Wunsches nach Reichtum und oftmaligen Scheiterns zu machen, wird genau das geschehen.

Warum-Fragen werden zwar gestellt, doch die einzig mögliche Antwort darauf ist: Warum nicht? Eine Violine, die sich fragen könnte, warum anstatt David Garret virtuos auf ihr spielt ein unbegabtes Kind auf ihr rum kratzt und ihm nur schräge Töne entlockt, bei denen sogar ein Hund zu jammern beginnt, bekäme dieselbe Antwort! Und mehr bist du nicht. Nur ein Instrument, das benutzt wird!

Als mich diese Klarheit traf wie ein Pfeil mitten ins Herz, wurden all meine spirituellen Ziele gekillt. Und somit erfüllt! Denn die Klarheit ersetzte mein Streben nach mehr als im Augenblick da war und ist! Wie es mir als Instrument des Namenlosen bestimmt war, so war es gekommen und so würde es kommen. So und nicht anders.

Sela!

Bist du nun bereit für die ernüchternde Wahrheit?

Elektrizität funktioniert in Milliarden von Geräten. Stellen Sie sich vor, die Geräte hätten einen Verstand und einen Intellekt. Eine Küchenmaschine würde vielleicht sagen: Wieso bin ich eine Küchenmaschine? Das ist nicht fair. Ich will ein Kernreaktor sein! Wer immer mich gemacht hat war ungerecht und unfair.

Wir schauen in die Welt und sehen Geräte oder Maschinen. Wissen es aber nicht. Wir glauben Bäume zu sehen, Gräser, Blumen, Bienen, Ameisen, Kraken, Kraniche, Stachelschweine und natürlich auch jene Tiere, die wir als Menschen bezeichnen. Manche dieser Menschen sind schwarz, andere weiß. Etwa zwei Drittel dieser sogenannten Menschen haben Schlitzaugen. Viele dieser als Menschen bezeichneten „Geräte" glauben an ein überirdisches Wesen, dem sie verschiedene Namen geben, andere vermögen nicht an ein solches zu glauben.

Jedes dieser Geräte hat eine bestimmte Funktion, und diese Funktion beruht auf einem Programm, einer inneren Software. Eine Nelke wächst zu einer Nelke durch ein Nelkenprogramm und ein Stachelschwein kriegt seine Stacheln durch eine Software, das seinen Körper mit wehrhaften Stacheln bewaffnet. Bienen sammeln nur Honig aufgrund ihrer Programmierung. Eintagsfliegen leben nicht deshalb nur einen Tag, weil sie das Leben nicht ertragen können, sondern weil ihre innere Uhr auf einen Tag Lebenszeit eingestellt ist.

Bis hierher mag es dir schon schwer gefallen sein mir zu folgen. Ab jetzt wird es aber noch wesentlich schwieriger werden. Und ich kann dir mitnichten garantieren, ob du diesen Text bis zu Ende lesen können wirst.

Es gibt unfassbar reiche und unfassbar arme Menschen. Es gibt unfassbar gesunde und unfassbar kranke Menschen. Es gibt unfassbar glückliche und unfassbar unglückliche Menschen. Es gibt unfassbar große Anstrengungen diese Ungleichheiten in Balance zu bringen und unfassbar viele Menschen, die an dem scheinbaren Ungleichgewicht festhalten und es sogar fördern, weil ihnen das Schicksal anderer Menschen vollkommen am Arsch vorbeigeht. Der Grund für all diese Erscheinungen ist nur ein einziger: Die jeweilige Programmierung, die über die Erfahrung bzw. das Erleben der Geräte entscheidet!

Die meisten Menschen verstehen nicht was auf diesem Globus eigentlich abgeht. Der Grund ihres Unverständnisses liegt wiederum in der Programmierung ihrer inneren Software. Einige wenige sind mit den Gründen vertraut. Diese Menschen sind nicht zwingend besonders klug. Sie sind lediglich aufs Verstehen programmiert.

Wieso suchst du nach Erleuchtung? Wieso kannst du nicht aufhören nach einem erwachten Zustand zu suchen, obgleich du weißt, dass die Suche nichts bringt, weil du bereits bist, was du absurderweise zu sein versuchst? Warum macht es beim einen Klick und beim anderen nicht?

Bist du bereit für die Wahrheit? Die ernüchternde Wahrheit? Nun, selbst das entscheidest du nicht! Denn du bist ein Gerät, eine Biomaschine. Womit natürlich dein KörperGeistOrganismus gemeint ist.

Du brauchst deine verschiedenen Funktionen nur ein wenig durchleuchten und schon wirst du erkennen, dass du nichts anderes sein kannst als eine mit einer spezifischen Software ausgestattete Biomaschine. Vielleicht ist dir der Begriff Bioroboter lieber, doch was ist ein Bioroboter anderes als eine Maschine? Lediglich deine „Verkleidung" ist eine andere. Deine Karosserie. Dein Aussehen und deine Funktion.

Selbst die Frage: *Wieso bin ich arm und nicht reich, warum nicht gesund, sondern krank, warum nicht glücklich, sondern unglücklich,* ist auf ein spezielles Programm zurückzuführen! So ist die Maschine, die du als „meine Person" bezeichnest, nun einmal programmiert. In manchen dieser Maschinen stellt sich diese Frage gar nicht, in anderen erledigt sich diese Frage womöglich nach dem Lesen dieses Textes ein für alle Mal, in anderen später, wieder in anderen niemals. So schauts aus.

Doch das ist nur eine Seite der Wahrheit. Die nicht ausgeblendet werden sollte - außer sie soll ausgeblendet werden. Dann bist du machtlos sie nicht auszublenden. Dann wirst du jetzt in dir vermutlich einen dicken Widerstand spüren und keine andere Chance haben als in mir einen Irrlehrer zu erblicken und dir darin womöglich sogar absolut sicher sein! Das du auf diese Weise *gedacht wirst*, womit bewiesen wäre, dass du eine Maschine bist, die gemäß ihrer Programmierung funktioniert, wirst du natürlich nicht einsehen können. Nicht, weil du zu dumm dazu wärst, sondern weil du programmgemäß funktionierst.

Nun, was ist denn die andere Seite der Wahrheit? Die Elektrizität. Das, was die Maschine antreibt, was sie funktionieren lässt, was die Software aktiviert. Das bist du ebenso. Und zwar essentiell. Die Maschine ist lediglich Ausdruck der Energie, die sie antreibt. Und ohne Energie wäre sie nicht in Betrieb. Denn Energie ist gleichzeitig das was wahrnimmt. Und ohne das was wahrnimmt erscheint nichts.

Ohne Maschine wäre die Energie machtlos und ohne Energie würde die Maschine nicht funktionieren. So sind sie beide aufeinander angewiesen. Und doch ist die Maschine Ergebnis von Energie und Bewusstsein. Um im Bild zu bleiben: Energie ist schließlich auch ohne Maschine vorhanden, aber selbst das kann nur mit einer Maschine festgestellt werden. Die Funktion der Maschine jedoch ist vollständig abhängig von der sie speisenden Energie.

Vermagst du dich als unpersönliche Energie zu betrachten und nicht allein als die von ihr angetriebene Maschine, ist es ganz einfach dir einzugestehen, dass der KörperGeistOrganismus nichts anderes ist als ein programmierter Bioboter. Du musst nicht mehr darauf bestehen, ein unabhängiges Individuum zu sein, das selbst über sein Schicksal bestimmt. Du wirst auch akzeptieren können, dass jeder Bioboter auf diesem Globus gemäß seinem individuellen Programm funktioniert. Und daher nicht mehr danach trachten, die Verhältnisse auf diesem Globus zu „ordnen".

In deiner Wahrnehmung sind sie bereits bestens geordnet. Es gibt kein Ungleichgewicht. Yin und Yang sind stets in der Waage und welche Erscheinungen die dunkle und die helle Seite darstellen muss, ist unter niemandes Kontrolle.

Diese nüchternen Fakten zu lesen ist für einen vom hochprozentigen Rum dualistischer Gerechtigkeitsphantasien oder pseudospiritueller Idealvorstellungen besoffenen Verstand freilich eine Zumutung! Daher wäre es sinnlos ihn überzeugen zu wollen. Was er braucht ist eine Ausnüchterungszelle, um seinen Rausch auszuschlafen, bevor er zu verstehen vermag. In diesem Kontext würde ich sogar den Begriff „Aufwachen" für adäquat halten.

Sela!

Unpersönliche Wahrnehmung

Unpersönliche Wahrnehmung ist der natürliche Zustand, wenn in der Person, mit der wahrgenommen wird, die Personen, die wahrgenommen werden, zwar unterschiedlich, jedoch weder vom jeweiligen Kontext getrennt noch aus sich selbst heraus agierend und reagierend wahrgenommen werden, wenn sie also, mit anderen Worten, in der Wahrnehmung sind was sie tatsächlich sind: Erscheinungen im Bewusstsein.

Werner Ablass

Du bist also der Body? Prost Mahlzeit!

Was ihr zu finden sucht, ist eben das, was ihr schon seid!

Wie jetzt? Fragt sich der Durchschnittsmensch verwirrt auf dieses Zitat hin. Und sieht vielleicht in den Spiegel. Und da blickt ihm diese Mike-Krüger-Nase entgegen, die er noch nie an sich mochte. Ebenso wenig wie seine Schlappohren. Genauso wie seine Nase viel zu lang und dazu noch so abstehend wie die von Prinz Charles. Ach und erst weiter unten! Sein Bauch! Lebenslang hat er gegen ihn gekämpft! Hollywood-Diät. Keine Kohlehydrate. Bis er Kopfschmerzen bekam. Sogar gefastet hat er. Zwei Wochen ohne Kompromiss. Nur eine Schüssel Brühe am Abend. Und literweise Tee sowie Wasser. Aber ein viertel Jahr später war sein Bauch umfangreicher als vor dem Fasten aufgrund des sogenannten Jo-Jo-Effekts. Und je älter er wird, desto mehr Falten. Besonders unschön die am Hals, stimmts?

Das soll ich sein? Tja, so schauts aus! Mehr haste nicht zu bieten! Ein Skelett mit Haut überzogen. Mehr ist nicht an dir dran. Innen Herz, Lunge, Leber, Niere, Magen, Darm, Nervensystem, Hirn, Adern, die das Blut transportieren. Das ganze Programm. Und zwar im wahrsten Sinne des Wortes. Denn all das läuft ohne dich ab!

Wie meinst du das – ohne mich?

Na wie wohl? Hast du schon jemals deine Lunge aufgefordert zu atmen? Dein Herz zu schlagen? Deinen Magen zu verdauen? Deinen Darm auszuscheiden? Deine Nerven Schmerz anzuzeigen? Und ich setz noch einen oben drauf: Hast du jemals in deinem Leben in Eigeninitiative einen einzigen Gedanken gedacht!

Jetzt schlägts aber Dreizehn! Also das vorher mit den Organen und so, das stimmt schon, war mir nur nicht so richtig bewusst, aber denken, also bitte, denken tu ich schon selbst!

Tja mein Freund, mit dieser Meinung bist du nicht allein. Erweist sich aber als Blödsinn, wenn dus überprüfst. Akribisch überprüfst. Wenn du da oberflächlich rangehst, hast du keine Chance auf ein präzises Ergebnis. Die Konditionierung „Ich denke" ist kraftvoll, stark wie ein Bollwerk! Das Tor zur Wahrheit über den illusionären Denker bleibt den meisten Individuen verschlossen. Aus gutem Grund übrigens: Nur solange du denken kannst, dass du denkst, bleibst du eine Person. Wenn du aber entdeckst, dass du nicht denkst, sondern gedacht wirst, wirst du dich nicht mehr als Person betrachten können.

Und wie seh ich mich dann?

Als etwas, das die Person wahrnimmt. Gedanken, Entscheidungen, Handlungen wahrnimmt. Andere Personen, deren Entscheidungen und Handlungen, wahrnimmt. Formen und Farben wahrnimmt. Bewegung wahrnimmt. All das Zeug eben, das zusammengenommen das ergibt, was man als Welt bezeichnet.

Dann siehst du dich also als etwas das wahrnimmt?

„Etwas" kannst du weglassen. Ich sehe mich eher als nicht-etwas. Es genügt jedoch völlig zu sagen: Als das-was-wahrnimmt! Oder Gewahrsein, Bewusstsein, wenns nicht zum Objekt degradiert. Aber das Subjekt ist nicht vorstellbar. Wenn es „vorgestellt" wird, steht es im wahrsten Sinne des Wortes vor dem was wahrnimmt. Als ein Objekt, das lediglich Subjekt genannt wird. Also ein neuentdecktes Objekt. Das was wahrnimmt ist aber nur eine Bezeichnung für Kein-Objekt. Das unsichtbar, nicht wahrnehmbar bleibt. Wie sollte denn auch DAS WAS wahrnimmt als etwas, das wahrgenommen wird, wahrgenommen werden können? Unmöglich!

Und dann ist es dir nicht mehr so fürchterlich wichtig, wie lang deine Nase, wie abstehend deine Ohren, wie dick dein Bauch ist. Keine Angst, durch klares Sehen wirst du nicht zwingend nachlässig mit deinem Körper, aber weit weniger traurig oder wütend oder frustriert über seine Form und die Anordnung sowie das Aussehen deiner Gliedmaßen sein! Weil du ja weißt, dass der Körper lediglich ein Instrument der Wahrnehmung ist. Ohne Bodymind ist wahrnehmen unmöglich. Nichts würde erscheinen. Wäre zwar nicht weiter schlimm. Aber es wäre eben nix los!

Schon paradox! Ohne Body biste aufgeschmissen. Weil unfähig auch nur einen winzigen Grashalm wahrzunehmen. Bist du aber der Body – in deiner Wahrnehmung mein ich – liegst du völlig daneben. Und wirst dich mit den Konsequenzen dieser Verwechslung lebenslang rumschlagen müssen.

Was für Konsequenzen denn?

Wenn du nix anderes zu sein scheinst als der Body, steht er im Mittelpunkt deines Interesses. Und dir wird überaus wichtig sein, wie andere Personen dich als Person sehen. Wie sie über dich als Person denken. Was sie über dich als Person sagen. Wie du bei ihnen als Person ankommst. Oder als Person nicht ankommst. Darum werden deine Gedanken kreisen. Und wenn du nicht ankommst, wirst du alles tun um anzukommen. Um dazu zu gehören. Das ist dann das beschissene Leben, das du führen wirst und führen musst. Denn du kannst dann nicht anders denken. Was an Gedanken reinkommt hängt nämlich davon ab, was du in deiner Wahrnehmung bist.

> Bist du eine Person, umgeben von anderen Personen,
> sind deine Gedanken nur persönlicher Art.
> Bist du das was wahrnimmt, sind deine Gedanken unpersönlicher Art.

Und dann geht es dir mehr oder weniger am Arsch vorbei, was man über dich denkt und über dich sagt. Schon, weil dir bewusst ist, dass keiner derer, die sich als Person wahrnehmen, anders über sich und dich als Person denken kann, als es aufgrund seiner eingeschränkten Sichtweise auf dich als Person und sich als Person möglich ist!

Überprüfe mal, wieviel Zeit drauf geht mit *Gedanken* darüber, was andere über dich denken oder sagen! Und wieviel Zeit mit *Gesprächen* darüber draufgeht was andere über dich denken und sagen. Und wieviel Zeit draufgeht mit dem, was du selbst über andere denkst und sagst!

Es gibt Leute, die reden über fast nix anderes. Zerreißen sich stets das Maul über andere. Das ist ihre Nahrung. Davon leben sie. Von diesem Geschwätz. Diesem Bullshit. Fressen Scheiße den ganzen Tag über und wundern sich dann, weshalb sie sich oft so Scheiße fühlen.

Und natürlich haben sie es nicht nur mit Schuldzuweisungen, sondern auch mit Schuldgefühlen zu tun! Solange du dich als Person siehst, bist du ja nicht nur der Denker, sondern auch der Täter. Und deine Missetaten verfolgen dich! Du wirst sie nicht los, auch nicht mit Therapien, Beichte oder Selbstvergebungsseminaren. Du bist sie aber sofort los, wenn du nicht mehr zu glauben vermagst, die Person zu sein, die du als *meine* bezeichnest.

> Was passiert ist, musste passieren. Sonst wäre es ja nicht passiert.
> Hätte unmöglich passieren können.

Diese Gedanken kannst du zwar denken, sie nützen dir aber so viel wie nichts, solange du noch zu glauben vermagst, dass du eine Person bist. Erst wenn die Klarheit Einzug hält, dass du das bist, was mit der Person als Instrument der Wahrnehmung wahrnimmt, bist du unfähig, Schuld zu empfinden und dem anderen Schuld zuzuweisen.

Das was wahrnimmt bist du bereits, bevor es dir klar wird. Deshalb sagte Ramesh: *Was ihr zu finden sucht, ist eben das, was ihr schon seid!*

Sela!

Ohne Kontext gibt's dich nicht

Identifikation geschieht nur auf der phänomenalen, objektiven Ebene des Individuums und seinem gespaltenen Verstand, wenn sich das Objekt die Subjektivität Gottes anmaßt und dann postuliert: Ich bin das Subjekt. Ich kann denken, ich besitze Intelligenz. Durch diese Denkweise erzeugt das Individuum die Spaltung zwischen sich und dem Rest der Welt.

Atmen ist eine existentielle Notwendigkeit. Doch ohne Atmosphäre wäre Atmen unmöglich. Deine Beine und Füße dienen dem Stehen, Gehen, Knien und Laufen. Doch ohne Boden und Schwerkraft wären sie vollkommen nutzlos und im Grunde genommen gar nicht vorhanden. Was wäre ein Magen ohne Speise? Wozu diente eine Nase, wenns nichts zu riechen gäbe? Was wäre der Body ohne Flora und Fauna? Und so könnten wir all deine Lebensfunktionen durchchecken. Und kämen sehr schnell zu dem Schluss: Ohne Kontext gibt's (auch) dich nicht!

Die Person[25] und auch jede andere Lebensform musst du künstlich aus dem Kontext raustrennen, um sie als Einzelwesen betrachten und als ein solches bezeichnen zu können. Und um die Hautoberfläche zur Grenze zwischen deiner Person und dem was sie umgibt zu machen, musst du den Kontext, in dem sich die Person unwiderruflich befindet, entweder ausblenden oder verleugnen.

Deine Existenz als Person ist somit vollkommen abhängig vom Kontext! Und doch klänge es höchst eigenartig, wenn wir „meine Atmosphäre, meine Sonne, meine Flora und Fauna" sagen würden. Ganz selbstverständlich sprechen wir aber von „meiner Person" ganz so, als gehörte sie uns.

---

[25] Das Wort **Person** kommt aus *persona* (Latein) oder *prosopon* (πρόσωπον; Griechisch) und ist ein sozialphilosophischer Begriff, der die Einzigartigkeit jedes Individuums der Menschenart ausdrückt. (Wikipedia)

Untersuchen wir aufmerksam unsere Körperfunktionen, finden wir raus, dass sie ebenso autonom funktionieren wie Flora und Fauna. Warum also sprechen wir so selbstverständlich von „meiner Person" und nicht ebenso selbstverständlich von „meiner Welt"? Schließlich können wir ohne Welt ebenso wenig existieren wie ohne Person!

Der alleinige Grund dafür ist unsere erlernte, man könnte auch sagen, konditionierte Identifikation mit der Person. Und was die Funktionen unseres Körper-Geist-Organismus betrifft, ist diese Identifikation unbedingt nötig. Wie sollte er sonst versorgt und erhalten werden? Mit Speise, mit Trank, durch Hygiene, Bewegung, Wirken, Training, Ruhe, sexueller Befriedigung und alle möglichen Formen physischen und psychischen Genusses. Würde keine Identifikation mit dem Körper stattfinden, ließen wir ihn ebenso unbeachtet wie all die Dinge in der Welt, mit denen keine Identifikation stattfindet. Was kümmert dich der womöglich ungepflegte Garten des Nachbarn? Mit deinem aber bist du identifiziert, weshalb du ihn mähst und pflegst.

Die Identifikation der meisten Menschen mit ihrer Person geht jedoch weit über deren notwendige Versorgung hinaus. Weil wir glauben die Person und NUR die Person zu sein. Dabei ist es offensichtlich, dass wir ihre Funktionen – Atem, Herzschlag, Blutkreislauf, Appetit, Entgiftung, Ausscheidung, Harndrang, ja selbst unsere Gedanken und Handlungen - ebenso wenig beeinflussen können wie das Wetter! Wir bilden es uns zwar ein, weil wir ja den Onkel Doktor besuchen können, wenn etwas im Organismus nicht stimmt. Untersuchen wir jedoch diesen Vorgang im Nachhinein, bleibt uns nur festzustellen, dass die Fehlfunktion oder der Schmerz zu dem Impuls führte einen Arzt zu besuchen, woraufhin sich unsere Beine in Bewegung setzten, um schließlich in seinem Wartezimmer zu landen.

Selbst Autosuggestion funktioniert ohne Suggerierer. Ein gesundheitliches Problem tritt bei jemandem auf, er redet mit einem Freund drüber, der leiht ihm ein Buch von Emile Coue, dessen Empfehlung lautet sich zweimal täglich je zwanzigmal zu suggerieren: *Mit jedem Tag geht es mir in jeder Hinsicht immer besser und besser*, was in seinem System nicht auf Ablehnung, sondern auf Zustimmung stößt, sie wird daraufhin angewandt, das Unterbewusstsein verinnerlicht die Anweisung und der Body reagiert darauf im besten Fall mit Wohlbefinden oder besserer Gesundheit. Dabei ergab eins das andere. Sodass jeder Mensch bei klarem Verstand erkennen müsste: Nicht ich habe mich für diese Methode entschieden und daher habe ich mich auch nicht selber geheilt!

Gehen wir den Dingen auf den Grund, bleibt uns gar nichts anderes übrig, als zu realisieren, dass die Person, die wir als „meine" bezeichnen, ebenso wenig *meine* Person ist wie die Person eines *anderen* Menschen. Der einzige Unterschied zur Person eines anderen Menschen besteht in einem nicht unerheblichen Empfinden funktional notwendiger Identifikation mit dem, was ich „meine" Person (oder „meinen" Garten) zu nennen gewohnt bin. Und das, wie wir sahen, aus gutem Grund: Wer würde sich denn sonst um die entsprechende Person (oder den Garten) kümmern?

Diese Klarheit führt zwar mitnichten zur Desidentifizierung mit dem Körper-Geist-Organismus, seinen Funktionen und Begehrlichkeiten, sehr wohl aber zur Desidentifizierung mit dem konditionierten Eindruck, dass ich die Person bzw. der Besitzer meines Körpers bin!

Oft liest man in spirituellen Büchern: Du bist nicht der Körper (oder die Person)! Das stimmt und stimmt nicht. Es stimmt, weil keiner im Körper drinsitzt, der die Regie führt. Es stimmt nicht, weil ohne einen Body, der „meiner" zu sein scheint, Welt nicht wahrgenommen werden kann.

Was man auch oft in spirituellen Büchern liest, ist der Satz: Er hat seinen Körper verlassen! Auch er stimmt und stimmt nicht. Er stimmt, weil es den Anschein hat, als würde Bewusstsein beim Tod aus dem Körper austreten. Wer schon einmal den Tod eines Menschen aus nächster Nähe erlebte, gewinnt diesen Eindruck. Es stimmt nicht, weil der Körper (sowie alles andere) im Bewusstsein erscheint. Und daher verlässt eigentlich der Körper Bewusstsein, wenn er seine Funktionen aufgibt.

Sela!

Wenn diffuses Wissen zur Gewissheit wird

Was die Totalität angeht, gibt es keine Zukunft und keine Vergangenheit. Wenn Sie eine Ameise beobachten und eine andere Ameise, die aus einer anderen Richtung kommt, dann würden Sie von Ihrem Standpunkt aus sagen: In einigen Sekunden treffen sie sich! Doch für die Ameisen ist es Vorherbestimmung.

Ach je, ach je, allein das Wort Vorherbestimmung weckt im westlichen Menschen einen Sturm der Begeisterung! Oder habe ich mich da eben verschrieben und sollte besser schreiben: Entrüstung?!

Manche verweisen auf die Ergebnisse der Quantenphysik, die man ja auch als „Physik des Zufalls" bezeichnet. Weil Quanten paradoxerweise als Welle *und* Teilchen erscheinen, weil sie *hier* und gleichzeitig *da* und letztlich *unberechenbar* sind.

Natürlich sind sie unberechenbar! So wie die Begegnung der beiden Ameisen unberechenbar ist. Für die Ameisen. Nicht für den, der beide aufeinander zukommen sieht. Oder sollte ich besser noch sagen: Für den ihre Begegnung bereits... Vergangenheit ist?

Hast du die US-amerikanische Krimi-Drama-Fernsehserie von Vince Gilligan *Breaking Bad* gesehen? Ich zweimal, so spannend und gut inszeniert fand ich sie. Daher empfehle ich sie jedem Serien- und Krimi- und Drama Liebhaber. Wer meiner Empfehlung folgt, weiß natürlich nicht was passieren wird, wenn er sie zu sehen beginnt. In seiner Wahrnehmung ist alles was er sieht völlig neu, und wüsste er nicht, dass die Serie mit allen Folgen bereits gedreht und somit keine Szene ein Zufallsprodukt ist, würde er sie als ein solches wahrnehmen. Schon weil viele Wendungen für eine Riesenüberraschung sorgen und auch für einen Krimikenner kaum voraussagbar sind.

Der menschliche Verstand sieht in dem was geschieht, puren Zufall. Der wissenschaftliche Verstand bildet da keine Ausnahme. Der illusionierte Verstand begreift nicht und kann nicht begreifen, dass all das was geschieht, in der „gegenwärtigen Zukunft" bereits geschieht, und somit in dem, was wir Gegenwart nennen, erlebt werden muss.

Werfen wir einen Blick auf eine DVD, um zu verstehen, was Zukunft, Vergangenheit und Gegenwart in Wirklichkeit sind. Was du auf dem Monitor siehst, wenn die DVD läuft, ist das, was wir Gegenwart nennen. Was auf der DVD schon ablief, ist das, was wir Vergangenheit nennen. Was auf der DVD noch ablaufen wird, ist das, was wir als Zukunft bezeichnen. Was uns „in der Zukunft" erwartet, erscheint uns freilich wie Zufall, weil wirs noch nicht als schon auf der DVD vorhanden sehen können, es ist aber keiner, weil der gesamte Ablauf der in die Rillen der DVD gepressten oder gebrannten Informationen bereits „gegenwärtig" vorliegt.

Ein recht gutes Modell für das, was Wirklichkeit ist, bildet das Modell des Blockuniversums, das übrigens auch Albert Einstein präferierte und daher sagte: „Der Unterschied zwischen Vergangenheit, Gegenwart und Zukunft ist eine Illusion, wenn auch eine sehr hartnäckige..."

Man stellt sich die komplette Raumzeit – alle Orte und alle Zeitpunkte des gesamten Universums – als großen, vierdimensionalen Block vor. Das was wir momentan als "Gegenwart" empfinden ist ein bestimmter Schnitt durch diesen Block (und ein Schnitt durch einen vierdimensionalen Block ist dann logischerweise ein dreidimensionaler Raum). Aber wie *genau* dieser Schnitt im vierdimensionalen Block ausgewählt wird, hängt von der Geschwindigkeit ab, mit der wir uns bewegen! Wir mögen zwar nur die Gegenwart als "real" empfinden.

Da aber alle Perspektiven gleichwertig sind und es keine Möglichkeit gibt, eine einzige davon objektiv als "die richtige" zu bestimmen, sind eben auch ALLE Perspektiven und ALLE daraus erwachsenden **Gegenwarten** real. Das gesamte Universum, in Raum UND Zeit ist gleichermaßen real. Die Vergangenheit ist nicht weniger real als die Zukunft. Nichts ist wirklich "vergangen".

Und das, was aus unserer Sicht erst in der Zukunft passieren muss, ist für andere, die in der Zukunft nämlich, längst schon Gegenwart.

Du magst fragen: Und was bringt mir diese Sicht fürs alltäglichen Leben? Nun, solange du sie dir aneignen oder an sie glauben musst, so viel wie überhaupt nichts! Nehmen wir einmal an, dir passiert das, was man einen Schicksalsschlag nennt. Du kriegst raus, dass dein Schnucki-Butzi es mit einem anderen treibt. Womöglich sogar mit deinem besten Freund! Und das schon zwei Jahre lang. Oder dein Chef teilt dir mit, dass du nach 30 Jahren Firmenzugehörigkeit, während derer du nur einen einzigen Tag krank warst, betriebsbedingt gekündigt bist! Oder deine geliebte 75-jährige Mutter erkrankt an Demenz, und dir bleibt nichts übrig, als sie in einem Pflegeheim unterzubringen! Oder dein Hausarzt teilt dir mit Trauermiene mit, dass du unheilbar an Krebs erkrankt bist und dir im besten Fall noch ein halbes Jahr zu leben bleibt!

Nun, mit einem Schock wären solche schmerzhaften Verluste sicher für jeden Menschen verbunden. Natürlich auch für den, dem bewusst ist, dass jedes dieser Ereignisse bereits geschah und daher nun unwiderruflich erlebt werden muss! Der *Glaube* ans Blockuniversum würde höchstwahrscheinlich wie ein Kartenhaus einstürzen. Die Verankerung in der Wirklichkeit aber würde über den Schock und den Schmerz hinaus keine Verwirrung hinterlassen. Verwirrung, die beispielsweise aus den folgenden Fragen resultiert:

- Wieso passiert gerade mir so was Schreckliches?

- Was habe ich verbrochen, dass mir das passiert?

- Was habe ich nur falsch gemacht?

- Was hätte ich anders, besser machen können?

- Wieso bin ich nur – im Fall von Krebs - nie zur Voruntersuchung gegangen?

- Wieso stehe gerade ich auf der Liste der betriebsbedingten Kündigungen, obwohl ich während 30 Jahre nur 1 Tag krank war?

Und so weiter und so weiter…

All diese Fragen können nicht beantwortet werden. Und wenn man doch Antworten finden sollte, bringen sie überhaupt nichts. Schon weil das, was passiert ist, nicht mehr rückgängig zu machen ist. Zerfleischende Selbstanklagen und Schuldzuweisungen wegen vergangener Fehler! Hypothetische Zukunftsangst! Das sind die natürlichen Folgeerscheinungen eines Gehirns, in dem die Gewissheit fehlt, dass restlos alles, was sich ereignet, unvermeidbar ist. Und zwar weils schon passiert ist, bevor es passiert.

Schock, Schmerz, Trauer, Angst sind ebenso unvermeidbar wie das diese Emotionen auslösende Ereignis! Selbstzerfleischung kann sich jedoch nicht ereignen, weil die Fragen, die solche Emotionen erst generieren, nicht gestellt werden und gar nicht mehr gestellt werden können.

Nun mag die Frage entstehen, wie man zu der Gewissheit gelangt, dass unser Leben ebenso abläuft wie eine Serie, die schon, bevor du sie anschaust, fix und fertig abgedreht ist. Nun, darauf habe ich leider (oder Gott sein Dank) keine Antwort. Ich kann aber berichten, wie sie sich in mir eingestellt hat.

Ich hörte Ramesh Balsekar zu, und während er auf diese Wahrheit verwies, wusste ich intuitiv, dass es nur so und nicht anders sein kann! Ich realisierte darüber hinaus, dass dieses *Wissen* schon über Jahrzehnte in mir lebte. Dass dieses *Wissen* jedoch nicht zur *Gewissheit* wurde, verhinderte meine Unklarheit bezüglich des freien Willens. Als während der Untersuchung desselben jedoch zweifelsfrei festgestellt wurde, dass er Illusion ist, wurde aus Wissen Gewissheit.

Vielleicht ergeht es dir ähnlich wie mir. Während des Lesens begann dein Kopf zu nicken und womöglich sogar dein Herz zu springen. *Oh ja, ja, so muss das sein, endlich formuliert mal jemand, was mir im Grunde schon immer, wenn auch diffus, klar war.*

Sollte dies nicht der Fall sein, halte ich es für sehr unwahrscheinlich, dass es dir in diesem Leben jemals klarwerden wird. Das scheint zumindest die Erfahrung zu zeigen. Wer nicht sogleich den Impuls in sich spürt, dass es sich hier nicht um eine Theorie, sondern die Beschreibung der Wirklichkeit handelt, selbst wenn ihn noch Zweifel bestürmen, dem ist es höchstwahrscheinlich nicht bestimmt zu verstehen. Wozu auch? Die Erkenntnis ist schließlich nicht überlebensnotwendig.

Sela!

Das Gehirn funktioniert wie eine Antenne

So wie das Gehirn beschaffen ist, kann es keinen Gedanken kreieren. Ein Gedanke kann nur von außen kommen. Zu jeder Zeit kann es dann eine Reaktion darauf geben, doch der Gedanke kommt von außen.

Sogleich entstehen zwei Fragen: Erste Frage: Wieso denn von außen? Außen wovon? Worauf Ramesh antwortete: *Eigentlich gibt es natürlich weder Außen noch Innen. Es gibt nur Bewusstsein. Und der Gedanke ist eine Erscheinung im Bewusstsein.*

Außen und innen, diese Begriffe dienen lediglich als Orientierung. Scheinbar existiert eine Person, die selbständig denkt. Wenn wir diese Person bzw. ihr Gehirn untersuchen, müssen wir jedoch feststellen, dass sie Gedanken – sozusagen von außen – empfängt. Das Gehirn ist einer Antenne ähnlich, welche die als Freiraumwelle ankommenden elektromagnetischen Wellen zurück in leitungsgebundene elektromagnetische Wellen umwandelt. Im Fall des Gehirns sind es sozusagen Feld-Informationen, die in die jeweilige Sprache, die ihm beigebracht wurde, „übersetzt" werden.

Es ist verhältnismäßig einfach herauszufinden, dass „ich" nicht denke, also Gedanken nicht selber erzeuge bzw. initiiere. Ich nutze dazu hauptsächlich zwei simple Methoden:

A) Versuche 5 Minuten nicht zu denken. Bist du de facto der Denker deiner Gedanken, müsste dir das auf Anhieb gelingen. Schließlich kannst du auch als „Fahrer deines Autos" darüber bestimmen, wie lange du mit abgeschaltetem Motor parken willst.

B) Denke an etwas Schönes (oder Hässliches). Das Ergebnis dieser Untersuchung ist, dass das Schöne (oder Hässliche) sich sozusagen selber auswählt. Unabhängig von einem Denker.

Selbst wenn du glaubst dich beispielsweise fürs positive Denken entschieden zu haben, wirst du feststellen müssen, dass du dich nicht daran erinnerst, sondern daran erinnert wirst, wenn sich wieder einmal ein negativer Gedanke einschleichen konnte.

Und wieso denken Menschen überhaupt positiv? Weil das Gehirn eines Positivdenkers die Überzeugung „empfing", dass negative Gedanken negative Situationen und positive Gedanken positive Situationen erzeugen. Was nicht ganz falsch ist, jedoch auch nicht ganz richtig, wie wir bereits in einem früheren Kapitel festgestellt haben. Besonders „negativ" wirkt sich die Überzeugung dann aus, wenn geglaubt wird, man habe eine negative Situation durch eigenes Versagen manifestiert!

Es mag den einen oder anderen erschrecken, wenn sich herausstellt, dass er noch niemals im Leben auch nur einen einzigen Gedanken dachte, sondern lebenslang gedacht wurde. Bei mir war das übrigens auch so, weshalb mein Gehirn etwa ein Jahr lang brauchte, um sich von dem „Schock" einigermaßen zu erholen und die Wirklichkeit zu integrieren. Ist dieser Integrationsprozess jedoch abgeschlossen, lebst du wieder ein ganz normales Leben, nur dass es der illusionäre Denker es nicht mehr zu stören vermag.

Die zweite Frage, die entsteht, ist: Wieso empfängt das Gehirn der Menschen so unendlich viel dummes, nutzloses und nicht zuletzt auch hochgefährliches Zeug, das beispielsweise zu Vergewaltigung, Krieg, Mord und Totschlag, Ungerechtigkeit, Folter, Kummer, Hunger, Krankheit, etc. führt?

Die einzige logische Antwort auf diese Frage ist:

> Es gibt keine einzige Erscheinung,
> die ohne ihren Gegensatz manifest werden könnte

Vorn bedingt hinten, oben bedingt unten, links bedingt rechts, innen bedingt außen, dunkel bedingt hell, normal bedingt extrem, schön bedingt hässlich, gerecht bedingt ungerecht, Friede bedingt

Krieg, Güte bedingt Bosheit, Klugheit bedingt Dummheit, etc. Die Liste der Gegensatzpaare würde zu lang, wollten wir sie hier alle aufzählen. Ohne sie ist Leben, wie wir es kennen und erfahren, unmöglich!

Vergiss den „lieben Gott", der doch unmöglich all das Leid zulassen kann! Er existiert nicht, er ist lediglich eine von vielen Desinformationen, die das Gehirn zu empfangen vermag. Wobei auch hierbei das Prinzip Dualität zum Tragen kommt: Information bedingt Desinformation!

So unabdingbar für den inneren Frieden die Erkenntnis „Alles was erscheint, formt sich aus einer Quelle" (so wie verschiedenste Formen aus der einen Substanz Gold kreiert sind), so unabdingbar ist die Erkenntnis, dass die sichtbare Welt ohne Dualität respektive Gegensätze nicht erscheinen, nicht manifest werden könnte!

Jahrzehntelang haderte ich immer wieder mit Gott bzw. meinem Gottesbild wegen des unzähligen Leids auf dem Globus! Wie nur konnte und sollte ein Gott der Liebe dem allen so ignorant und tatenlos zusehen können? Erst als dieses Gottesbild als Desinformation erkannt wurde, wurde diese Frage nicht mehr gestellt. Ja, ohne Frage, Liebe ist die wahre Natur alles Seienden, die Erscheinung derselben kann jedoch aufgrund des Prinzips der Dualität nicht allein Liebe, sondern muss zwingend ebenso Nichtliebe sein.

Diese Klarheit macht es unmöglich, mit der Welt, so wie sie ist und mit den Menschen, so wie sie sind, im Unfrieden zu sein. Was nicht zwingend bedeutet, all das, was durch sie geschieht, als „gut" oder gar „nützlich" zu bewerten. Krieg, Folter, Ungerechtigkeit sind zweifelsfrei keine „guten" oder gar „nützlichen" Ereignisse! Und jene Menschen, die dazu beitragen, dass all diese schlimmen Dinge geschehen, freilich auch nicht! Da jedoch klar ist, dass sie nur als (Des)informationsempfänger fungieren, wirst du sie weder anklagen noch mit ihnen im Clinch liegen können.

Die zurzeit Mächtigen auf der Weltenbühne – Erdogan, Trump, Putin, Assad, Kim Jong-un, Xi Jinping, Merkel, um nur einige zu nennen -

sie alle denken und tun NICHTS. Denn ihr Gehirn ist wie deins lediglich eine Antenne, die Informationen empfängt, gemäß derer sie handeln, besser noch: gehandelt werden. Ihre Informationen sind womöglich andere als jene, die du empfängst. Und ist dies der Fall, wird sich natürlich auch deine Bewertung ihrer Handlungen, womöglich sogar diametral, unterscheiden, was übrigens bei mir der Fall ist.

Die Person, die anderer Meinung als du ist, empfängt zwar Informationen, für die sie nichts kann. Du aber auch nicht! Und nur deshalb bist du überhaupt „anderer Meinung". Ist dir dies bewusst, wirst du dich in vielen Fällen auf keine Diskussion mehr einlassen. Und sollte es dennoch geschehen und vielleicht sogar zu einem Konflikt führen, wirst du dich im Nachhinein nicht schuldig fühlen können. Schlicht, weil dir bewusst ist, dass weder du noch der andere etwas denkt. Nur eben genau das, was sich durch die empfangenen Informationen denken muss!

Die mir oftmals gestellte Frage: „Wäre der Weltfriede nicht gesichert, würden alle Menschen so denken?" ist angesichts der notwendigen Dualität, irrelevant.

Sela!

Keiner ist eine autonome Persönlichkeit

Der beste Weg zu verstehen, dass man nicht der Handelnde ist, kommt von dem Verständnis, dass man kein solider Körper ist. Man ist lediglich Leere, in der Energie entsprechend eines bestimmten individuellen Musters vibriert.

Das rauszufinden, ist einer der Gründe, weshalb ich mit an der absoluten Wahrheit interessierten Menschen den Körper-Geist-Organismus sozusagen in seine Einzelteile „zerlege". Schauen wir uns nämlich die beobachtbaren Funktionen einzeln an – Atem, Herzschlag, Sehen, Hören, Schmecken, Riechen, Denken, Betasten, Entscheiden, Handeln – kommen wir ziemlich schnell zu dem Ergebnis, dass sie, obgleich sie interagieren, alle autonom funktionieren.

Denken ist ein autonom funktionierender Akt. Ein Gedanke kommt rein. Es denkt sich nur das „ich" (ihn) denke! Das festzustellen ist nicht sonderlich schwer. Es sei denn, die Desinformation „ich denke" ist dermaßen stark, dass sie ein objektives Untersuchungsergebnis verhindert. Alles schon erlebt!

Ich bat einen meiner Besucher: Denk an was Schönes!

Er nickte.

Ich: Lass nun Revue passieren, wie es zu dieser Vorstellung kam.

Er: Nun, du hast mich gebeten an was Schönes zu denken und ich habs gedacht!

Ich: Du hast es gedacht?

Er: Klar, wer denn sonst?

Wie kam es denn in Wirklichkeit zu diesem Gedanken?

1. Zunächst drang meine Empfehlung „Denk an was Schönes!" in sein Inneres, sein Gehirn ein.

2. Dann begann ein Prozess, den man *inneres Googeln* nennen könnte. In wenigen Fällen steht dir sofort etwas Schönes vor Augen, bei dem es auch bleibt. Kommt jedoch auch vor. Meistens erscheinen mehrere Bilder – Gesichter, Landschaften, Ereignisse - hintereinanderweg, bis

3. schließlich eins von ihnen geeignet erscheint.

Doch wo bitteschön ist denn der, der diesen Auswahlprozess vonstattengehen lässt? Wo bist du als der Denker und Wähler? Er findet sich nicht! Sodass man schon eine gehörige Portion Glauben benötigt, um seine Existenz für real zu erklären. Bei dem Auswahlprozess handelt es sich vielmehr um eine Ereigniskette, die mit „meiner" Empfehlung: „Denk an was Schönes!" beginnt, in „deiner" Wahrnehmung zum *inneren Googeln* führt und in einer Entscheidung mündet, die „wer" trifft? Bingo, keiner natürlich! Sie stellt sich ebenso autonom ein, wie zuvor die mentale Vorstellung von etwas Schönem!

Analysieren wir nun die Funktionen Denken und Entscheiden, kommen wir zu dem Ergebnis, dass sie sowohl autonom als auch zusammenhängend agieren, besser noch reagieren. Denn eins führt zum andern. Zunächst „reagiert" das Gehirn auf meine Empfehlung, sucht (oder googelt) im Erinnerungsspeicher nach etwas Schönem, verwirft, sucht weiter, verwirft, sucht weiter, bis es schließlich auf geheimnisvolle Weise zu einer Entscheidung kommt: Das ist es! Das ist das Schönste unter allem Schönen, das sich im Erinnerungsspeicher vorfindet!

Also führt Denken zusammen mit einer Präferenz zur Entscheidung. Wir können die beiden Funktionen also sehr wohl voneinander unterscheiden, obgleich beide gänzlich voneinander abhängig sind. Denn wie sollten sich ohne einen vorherigen Gedankenprozess oder Impulse Entscheidungen bilden?

Dies lässt sich ebenso von unseren biologischen Funktionen behaupten! Atem, Herz, Lunge, Leber, Magen, Darm, etc. sind eigenständig arbeitende Organe. Fehlt aber eins oder gibt eins seine Funktion auf, bricht der gesamte Organismus zusammen. Also ist klar: Sie interagieren zwar autonom und doch hängt eins von der Funktion des anderen ab.

Diese Analyse klärt übrigens auch das sogenannte Jekyll-and-Hyde-Syndrom. Weil keiner eine autonome Persönlichkeit ist. Wie bestehen vielmehr aus den verschiedensten Aspekten und diese stehen in manchen Fällen sogar diametral zueinander. Wer würde beispielsweise in einem liebenden Vater von sechs Kindern wie Joseph Goebels es offenbar war, einen skrupellosen Massenmörder vermuten? Wer könnte sich einen als treu geltenden Ehemann in einem SadoMasoStudio vorstellen, welches dieser jede Woche Top-secret ein- oder zweimal besucht?

Wo also bitteschön bleibt in diesem so homogen wirkenden Körper-Geist-Organismus jene Instanz, von der wir glauben, sie sei unabdingbar! Klar, ich rede vom Ich! Es stellt sich als Illusion raus. Als nützliche zwar, denn ohne die Vorstellung selbständig zu handeln und handeln zu können, ist Leben, wie wir es kennen, unmöglich. Doch machen wir uns auf die Suche nach ihm, finden wir niemand und nichts.

So dass wir am Ende des Zerlegens unserer „Persönlichkeit" in seine Einzelteile feststellen müssen, dass weder eine homogene Persönlichkeit noch ein Ich existiert. Übrig bleibt lediglich Leere, „in welcher Energie entsprechend eines bestimmten individuellen Musters vibriert." Lebewesen wirken nur deshalb so solide, weil der Körper so homogen wirkt. Scheinbar ein einziges Gebilde, das jedoch in der Analyse in lauter Einzelfunktionen zerfällt, autonom agierend, auch wenn sie interagieren.

Sela!

Persönlichkeitsentwicklung wird obsolet

In meinem ursprünglichen Zustand der Einheit und Ganzheit wusste ich nicht einmal, dass ich existiere. Und eines Tages sagte man mir, ich sei geboren worden, ein bestimmter Körper sei ICH und ein bestimmtes Paar seien meine Eltern. Danach fing ich an, Tag für Tag weitere Informationen über mich zu akzeptieren und errichtete so eine Scheinpersönlichkeit, nur weil ich die Last auf mich genommen hatte, geboren worden zu sein, obwohl mir voll bewusst war, dass ich niemals diese Erfahrung, geboren zu werden, gemacht hatte und mir mein Körper ohne meine Zustimmung aufgezwungen worden war. Nach und nach wurde die Konditionierung immer stärker und nahm ein solches Ausmaß an, dass ich nicht nur die Last akzeptierte, als bestimmter Körper geboren worden zu sein, sondern auch, dass ich eines Tages sterben würde; und das Wort Tod wurde zu einem Grauen, zur Vorankündigung eines schrecklichen Erlebens.

Keiner von uns liebt alles an sich selbst! Stimmts? Ich meine jeden Aspekt dessen, was man „Persönlichkeit" nennt. Findige Menschen, die man Persönlichkeitstrainer oder auch Psychotherapeuten nennt, machten aus dem Wunsch, die ungeliebten Aspekte in geliebte zu transformieren, ein einträgliches Geschäft.

Viele Intervention im NLP[26] zielen auf Persönlichkeitsveränderung respektive -entwicklung ab. Ein Beispiel: *Erinnere Dich an eine Situation in der Du richtig „gut drauf" warst. Achte darauf, dass Du die Situation so erlebst, wie Du sie damals erlebt hast, also durch Deine eigenen Augen (assoziiert). Wenn Du assoziiert bist, erlebst Du die Gefühle von damals sehr viel intensiver. Vielleicht machst Du den Film (sollte es sein...) in Deinem Kopf attraktiver: mach Dich zum Helden – es ist DEIN*

---

[26] Neuro-Linguistisches Programmieren, insbesondere ein Meta-Modell für Kommunikation und Veränderung sowie eine daraus abgeleitete Methode für Kurzzeittherapie und berufspraktische Kommunikation; die Grundlagen des NLP wurden von Richard Bandler, John Grinder und anderen in den 70er Jahren entwickelt.

Kopf. Wenn Du es beherrscht, kannst Du das resultierende Gefühl ankern und nach Belieben verstärken.

Jedes Mal, wenn Du etwas Tolles erlebst, kannst Du Dir einen soge-nannten Gute-Laune-Anker setzen. Mach es wie Pavlow: Jedes Mal, wenn Du mitten in der Situation bist, balle die Faust und sage (zum Beispiel!) YEAH…kikeriki Und lache laut. Das nennt man im NLP einen „überlappenden Anker" weil er sowohl kinästhetisch (Faust) als auch akustisch (Yeah, kikeriki) funktioniert. Diesen Anker kannst Du immer dann auslösen, wenn Du zu wenig gute Laune hast.

Ich behaupte nicht, diese Techniken würden nicht funktionieren. Ich habe sie selbst praktiziert und in Seminaren trainiert. Doch ich prakti-ziere sie schon lange nicht mehr und bringe sie auch anderen nicht mehr bei. Obsolet. Vergebliche Liebesmüh!

Der Grund: Die Grundbeschaffenheit der sogenannten Persönlich-keit kannst du weder verändern noch entwickeln. Es ist damit ähnlich wie mit einem Ball, der unter Wasser gedrückt wird. Lässt der Druck auf ihn nach, treibt es ihn wieder nach oben.

NLpler würden mir natürlich vehement widersprechen: *NLP-Interventionen üben doch keinen Druck, sondern vielmehr Einfluss aufs Unterbewusstsein aus und verändern nachhaltig bestehende Denk- und Verhaltensmuster!*

Das stimmt und stimmt nicht. Es stimmt insofern, als das Unterbe-wusstsein tatsächlich lernfähig ist. Es stimmt nicht, weil die grundle-gende Disposition genetisch bedingt ist und daher einen Melancholi-ker nicht zum Sanguiniker und einen Choleriker nicht zum Phlegmati-ker zu machen vermag.

Die vier Temperamente lassen sich sehr einfach an einem simplen Szenario verdeutlichen. Man stelle sich vor, ein großer Stein versperre einem Menschen seinen Weg.

- Der Sanguiniker wird heiter in seiner unbetrübten Art über den Stein hinweg hüpfen oder klettern.

- Der Choleriker wird des unerwarteten Hindernisses wegen in Rage geraten und womöglich versuchen, den Stein mit einem Kraftakt aus dem Weg zu räumen.

- Der Phlegmatiker geht Konflikten mit unnötig großem Aufwand aus dem Weg, er wird einen großen Bogen um den Stein herummachen

- Der Melancholiker wird beim Anblick des Steins seine Reise in Frage stellen und sich traurig auf den Stein setzen, um nachzudenken und sein Vorhaben zu reflektieren.

Daher empfehle ich Menschen, die missliebige Persönlichkeitsaspekte verändern möchten, sich den Zeitaufwand, die Kosten und die Mühe zu ersparen und rate ihnen zu verstehen, wie ihre Persönlichkeit genetisch und unwiderruflich angelegt ist. Denn so lässt sich sogar Kapital daraus schlagen.

Verstehen, nicht verändern ist somit wiederum die Lösung. Einen Ackergaul kann man nicht zum Rennpferd und eine Katze kann man nicht zum Hund machen. Zwar lassen sich beide streicheln, doch der Hund bellt und die Katze miaut. Der Hund freut sich über die Maße, wenn sein Herrchen nachhause kommt, die Katze mag es noch nicht einmal bemerken und bleibt faul auf der Fensterbank liegen.

Du bist ungeduldig? Sei dankbar! Denn Geduld ist zwar tugendhaft, doch immer dann ungeeignet, wenn es gilt, Steine möglichst schnell aus dem Weg zu räumen!

Du bist geduldig wie ein Lamm? Sei dankbar! Denn Ungeduld ist zwar nützlich, um möglichst schnell Steine aus dem Weg zu räumen, doch immer dann ungeeignet, wenn sie zu schwer sind, um das zu schaffen!

Du gehst Konflikten nicht aus dem Weg? Sei dankbar! Denn dann frisst du sie nicht in dich rein und das bewahrt dich womöglich vor einem Magengeschwür!

Du bist konfliktunfähig? Sei dankbar! Denn das bewahrt dich in vielen Fällen vor nutzloser Energieverschwendung!

Du kapitulierst schnell vor scheinbar unlösbaren Problemen? Sei dankbar! Denn oftmals lösen sie sich weitaus schneller, wenn du nichts tust!

Du siehst in allen Problemen Herausforderungen und kommst dann erst so richtig auf Touren? Sei dankbar! Denn du bist offenbar ein Erfolgstyp!

Wir könnten die Liste fortführen, doch sie sollte genügen, um zu klären, weshalb nicht verändern, sondern verstehen gefragt ist. Was man Persönlichkeit nennt, ist nur ein Instrument und ebenso wie man mit einer Trompete nicht Klavier spielen kann, kann auch ein Körper-GeistOrganismus nur seiner Anlage gemäß funktionieren!

Dieses Instrument wurde dir sozusagen „aufgezwungen", oder hat man dich vor der Geburt gefragt, ob du zur Welt kommen willst? Hat man dich gefragt, welche Eltern du haben willst, in welchem Land und unter welchen Umständen du aufwachsen willst? Hat man dich gefragt, mit welcher DNA dein Organismus ausgestattet sein soll, wie du aussehen willst, welchen IQ du haben willst, welche Fähigkeiten und Unfähigkeiten?

Höchstwahrscheinlich nicht, oder? Ich jedenfalls kann mich nicht daran erinnern, dass mir solche Fragen vorgeburtlich gestellt worden wären! Wie steht's mit dir?

Was du über dich weißt oder zu wissen meinst, beruht auf Information! *Und eines Tages sagte man mir, ich sei geboren worden, ein bestimmter Körper sei ICH und ein bestimmtes Paar seien meine Eltern. Danach fing ich an, Tag für Tag weitere Informationen über mich zu akzeptieren und errichtete so eine Scheinpersönlichkeit, nur weil ich die Last auf mich genommen hatte, geboren worden zu sein, obwohl mir voll bewusst war, dass ich niemals diese Erfahrung, geboren zu werden, gemacht hatte und mir mein Körper ohne meine Zustimmung aufgezwungen worden war.*

Wie kommen wir nur auf die absurde Idee, wir könnten diesem Prinzip nun, erwachsen geworden, entfliehen? Unserer Geburt konnten wir nicht entfliehen, auch nicht den Eltern, die uns zeugten, nicht unseren Genen, nicht unserer frühkindlichen Konditionierung, nicht dem Ort, an dem wir aufwuchsen, nicht all den Einflüssen, die uns prägten. All dies wurde uns offenbar „aufgezwungen". Doch nun glauben wir unsere Persönlichkeit verändern respektive entwickeln zu können! Nun glauben wir sie ablegen zu können wie einen Anzug oder ein Kleid, das uns nicht mehr passt oder zumindest so zurecht zu schneidern, dass sie unseren Wunschvorstellungen entspricht!

Zwang ist natürlich kein Wort, das wir lieben, geht es doch mit der Vorstellung einher, in ein Korsett eingeschnürt und somit bewegungsunfähig zu sein. Doch betrachte einfach deine Erfahrung im alltäglichen Leben! Hast du etwa das Gefühl dich nicht frei bewegen zu können? Kannst du etwa keine Entscheidungen treffen? Selbst nutzlose Persönlichkeitsseminare könntest du buchen und besuchen und hast es womöglich schon getan.

Das bedeutet: Obgleich du wie ein Roboter funktionierst und aus diesem internen Programm auch nicht aussteigen kannst, fühlt es sich nicht so an, als wärst du unfähig dich unter verschiedenen Alternativen entscheiden zu können. Und es ist daher niemals sicher, ob deine Entscheidungen vorteilhaft oder nachteilig sind. Du bist weiterhin sowohl auf dein Bauchgefühl als auch auf die Ratio angewiesen. Bist du dir jedoch im Klaren darüber, dass nur das geschehen kann, was dein internes Programm vorgibt, bist du sogleich befreit von der Last, deine Persönlichkeit verändern zu müssen, um deine Wünsche und Ziele erreichen zu können.

> Wünsche und Ziele werden sich materialisieren,
> wenn es dir bestimmt ist.
> Sie können sich nicht manifestieren,
> wenn sie dir nicht bestimmt sind.
> So einfach ist es.

Und so erlebst du eine zuvor nie gekannte Freiheit. Nämlich die, im Moment leben zu können. Und zwar so wie deine Person angelegt ist, mit all ihren Stärken und Schwächen, ihren Fähigkeiten und Unfähigkeiten, ihren Vorzügen und Nachteilen.

Keine Sorge mehr um die Zukunft, denn sie ist potentiell schon vorhanden, auch wenn sie noch nicht subjektiv erlebt wird. Keine Selbstvorwürfe mehr aufgrund vergangener Entscheidungen und Handlungen, denn sie waren nicht zu umgehen.

Deine Persönlichkeit wird nun in deiner Wahrnehmung das, was sie in Wahrheit ist: Ein aus Elementarteilchen zusammengesetztes Gebilde, das ohne die Energie, die es belebt und durchströmt, nichts weiter ist als eine stinkende Leiche. Letztlich nur eine Erscheinung in dem was man Bewusstsein oder Gewahrsein nennen könnte, wenn man denn wollte. Denn letztlich sind Begriffe für das, was wir grundlegend sind, irrelevant.

Wie und aus welchem Grund solltest du an diesem Gebilde arbeiten? Es wird nutzlos. Erstens weil es auf eine Weise kreiert ist, die du mit welchen Mitteln und Instrumenten auch immer nicht grundlegend zu verändern vermagst. Zweitens, weil jede Entwicklung dieses Gebildes ohnehin in ihm angelegt ist. Es gibt sie schließlich, die Gewalttätigen, die sich in sanftmütige Lämmer verwandeln! Es gibt sie, die Karrieristen, die aus dem Hamsterrad aussteigen und sich aus dem Rummel der freien Wirtschaft zurückziehen. Es gibt sie, die Berühmtheiten, die zu Wohltätern werden, wie es beispielsweise bei dem bekannten und berühmten Schauspieler Karl-Heinz Böhm der Fall war.

All das geschieht jedoch ohne Täter, ohne einen, der sich das vornimmt und ausführt. Das Leben selbst macht es. Die Lebenserfahrung.

Letztlich: Das, was man Schicksal oder Bestimmung nennen mag. Markante Ereignisse, die bislang schlafende Aspekte in der sogenannten Persönlichkeit wecken und zu einer anderen Lebensweise führen.

Ich wende mich mitnichten gegen die Typenlehre. Beispielweise die des Enneagramms[27] oder die des Myers-Briggs-Typindikators[28]. Es kann durchaus von Vorteil sein, zu erkennen, wie die Persönlichkeit angelegt ist, welche Stärken und Schwächen in ihr beheimatet sind und wie sie funktioniert. Wer jedoch glaubt, seine Persönlichkeit entwickeln zu können oder gar zu müssen, wird scheitern. Wobei die Erfahrung des Scheiterns nicht die Schlechteste ist, weil sie die Nutzlosigkeit eigenen Bemühens wie nichts anderes unter Beweis stellt.

Sela!

---

[27] Das Enneagramm bezeichnet ein neunspitziges esoterisches Symbol, das als grafisches Strukturmodell neun als grundsätzlich angenommene Qualitäten unterscheidet, ordnet und miteinander in Beziehung setzt. (Wikipedia)

[28] Der Myers-Briggs-Typenindikator (kurz MBTI, von englisch *Myers-Briggs type indicator* – nach Katharine Briggs und Isabel Myers) ist ein Instrument, mit dessen Hilfe die von Carl Gustav Jung entwickelten psychologischen Typen erfasst werden sollen. (Wikipedia)

Kein Individuum tut etwas aus sich selbst heraus

Gott funktioniert durch diesen Körper-Verstand. So wie die Aktionen, die durch diesen Körper-Verstand geschehen, nicht meine Aktionen sind, so muss dieses Verstehen auch beinhalten, dass die Aktionen, die durch andere Körper-Geist-Organismen entstehen, nicht deren Aktionen sind. Selbst wenn die Aktionen, die durch Ihren Körper-Geist-Organismus geschehen, nicht die besten sind, würde ich Sie - als ein Individuum – nicht als meinen Feind betrachten.

Man kann Menschen, die gegen einen agieren, nicht als Freunde bezeichnen, es sei denn, man hätte nen Knall! Feinde sind nun mal keine Freunde, in jedem Fall aber sind sie Ausdruck der Quelle! Und das ist der Grund dafür, dass man sie nicht als Feinde *betrachten* kann. Aus diesem Grund kann man aber auch Menschen, die uns sympathisch sind – dem Grunde nach - nicht als Freunde betrachten. Und doch brauchen wir beide Begriffe - zur Unterscheidung.

Quelle sind beide. Quelle in ihrem Ausdruck freilich und der differiert. Je nachdem wie die Persona genetisch angelegt ist, wie sie auf uns wirkt und wie sie im Spiel des Lebens eingesetzt wird.

Sich selbst oder andere verurteilen für das was sich denkt, entscheidet und tut ist unmöglich, wenn klar ist, dass keiner was tut. Was nicht bedeutet, dass man sich über Anfeindungen freut: „Ganz toll, dass du mich öffentlich als Nazi bezeichnest und meine Risikoeinschätzung gegenüber der Einwanderung von Muslimen sowie der lockeren Flüchtlingspolitik Merkels als völkischen Unfug bezeichnest, sogar eine dementsprechende Karikatur von mir angefertigt und in ein soziales Netzwerk gestellt hast. Komm her, lass dich dafür umarmen!"

So läuft das nicht! Es kann durchaus passieren, dass ein auf so perfide Weise angegriffener und denunzierter Körper-Geist-Organismus ziemlich heftig und deftig auf derartige Fehlinterpretationen reagiert.

Kommt drauf an wie er genetisch angelegt ist. Eine Löwennatur wird durch die Klarheit, dass alles, was geschieht, durch die Quelle geschieht, nicht etwa zum geduldigen Lamm! Diese aberwitzige Vorstellung des so-called Erleuchteten grassiert jedoch in Satang-Kreisen wie eine Seuche.

Wird jedoch in allem was durch einen Organismus geschieht die Quelle gesehen, kann das perfide und feindliche Handeln einer Persona niemals zur Verurteilung desselben führen. Und etwa Rache zu nehmen ist gänzlich ausgeschlossen!

Du musst dich zu so einer Haltung nicht etwa durchringen, dich nicht etwa anstrengen, nicht an dir arbeiten. Du bist vielmehr unfähig den „Feind" zu verurteilen oder gar Rache an ihm zu nehmen. Und das allein durch die Klarheit: Kein Täter, nur Taten!

Kein Individuum tut etwas aus sich selbst heraus
Wir sind alle nur Marionetten an unsichtbaren Fäden,
die genauso agieren, wie sie agieren müssen

Das bedeutet jedoch nicht, dass du Denunziation „gut" findest. Sie bleibt ebenso schlecht wie ein Hagelschlag oder monatelange Trockenheit, der/die dem Landwirt die Ernte kaputt macht. Erfreulich kann er dies sicher nicht finden. Und verfluchen wird er das Naturereignis womöglich auch. Würde er jedoch klar sehen können, dass all das, was geschieht, nicht geschehen könnte, wäre es nicht genau das, was geschehen muss, würde es bei einem spontanen Fluch bleiben und nicht zum Leidensdruck führen.

Und genauso verhält sich ein vom Eindruck persönlicher Täterschaft befreites Wesen! Es jubelt zwar nicht über offen zur Schau gestellte Feindschaft, wird jedoch nicht mehr als notwendig für Klarstellung sorgen. Und dagegen kämpfen wird es erst recht nicht. Schlicht weil es sich dessen gewiss ist, dass die Grenzen jeder Feindschaft gesteckt sind. Kein „Feind" kann mehr gegen dich tun, als ihm zu tun bestimmt ist.

Vergebung ist nicht mehr notwendig, denn wie solltest du jemandem vergeben müssen, der nur tut, was er tun muss? Judas verriet Jesus. Doch damit tat er nur, wozu er verdonnert war. Und Jesus wusste dies, weshalb er ihm während des letzten Abendmahls befahl: „Was du tun willst, das tu bald! Er sagte jedoch auch: „Habe ich nicht euch, die Zwölf, erwählt? Und doch ist einer von euch ein Teufel."

Klar zu sehen, dass allein die Quelle darüber bestimmt, was in und mit einem Menschen geschieht, macht uns nicht blind für die Fakten. Verleumdung und Verrat sind teuflische Taten! Und doch ist es dem, der sie begeht, nicht anzulasten! Denn er ist nur die armselige Figur, die zu diesem beschissenen Part im Spiel des Lebens verdonnert ist.

Sela!

Nur ein Wortspiel oder die Wirklichkeit schlechthin?

In der Dualität gibt es kein Subjekt – außer Gott oder der Totalität. Welche Wahrnehmung auch immer geschieht, was immer die Augen sehen, die Nase riecht, all das ist ein unpersönliches Ereignis. Mit anderen Worten: Es ist das totale Verständnis, dass ich nichts tue! Ich höre nicht, doch es wird mit den Ohren gehört und mit der Nase gerochen. Dabei gibt es keinen Dualismus, nur Gewahrsein.

Und wenn das bewusst ist – dass die Nase riecht und nicht ich, dass die Augen sehen und nicht ich, dass der Mund spricht und nicht ich, steht fest: Selbst, wenn das, was aus meinem Mund heraus kam anschließend eines von Herzen kommenden „Verzeih mir!" bedarf, hat das mit mir nur insofern zu tun, als es mit der Person, die auf den Namen Werner hört, geschah. Ein Normalo, der das liest, greift sich an den Kopf! „Sag mal, hast du sie noch alle? Das ist doch lediglich ein Spiel mit Worten!"

So muss das in der Wahrnehmung derer, bei denen das Leben diesen „persönlichen Anstrich" noch hat, erscheinen. Die beurteilen mich auch natürlich nach ihrem persönlichen Maßstab. Wie anders?

Ich versteh deren Sichtweise. Voll und ganz. Was jedoch für mich gilt, gilt auch für die, die mich kritisieren. In meiner Wahrnehmung kritisiert mich niemand! Ihr Gehirn wird aufgrund ihrer vorhandenen Unwissenheit gedacht und aus ihrem Mund kommt nur raus, was sich nicht anders als so zu denken vermag.

Keiner hat sich unter Kontrolle

Manche glauben so zu denken sei äußerst gefährlich! Ich kann dich beruhigen! Du wirst niemand ermorden, wenn du nicht mehr an Selbstkontrolle zu glauben vermagst. Im Gegenteil: Du wirst ein äußerst friedfertiges Wesen. Solange du jedoch glaubst, die Kontrolle behalten zu müssen, wird sie dir immer wieder entgleiten, weil du sie eben nicht hast. Und Angst wird entstehen, wenn Dinge geschehen, die sich unkontrollierbar anfühlen.

Angst kann freilich auch in dem Organismus entstehen, der auf den Namen Werner Ablass reagiert. Doch da ist keiner mehr, der diese Angst „hat"! Angst wird als Ereignis wahrgenommen. So wie jedes andere Naturereignis. Das muss dir als Wortspiel erscheinen, solange du zu glauben vermagst, dass der Mensch aus sich selbst heraus agiert.

Der Mensch agiert aber nicht, er reagiert nur

Auf die Impulse und Informationen, die in ihm entstehen.

Bei mir ebenso. Nur ist (mir) das bewusst. Und ist es bewusst, kannst du weder dich noch andere für ihr Handeln verantwortlich machen. Was nicht bedeutet, dass du mit Menschen, die dich nicht verstehen oder dir Übles nachsagen, weiterhin so kommunizierst, als wäre nix passiert.

Unpersönliche Wahrnehmung macht dich nicht indifferent. Im Gegenteil, gerade weil in deiner Wahrnehmung die Person nur ein Instrument ist, wirst du mit solchen, die „verstimmt" klingen und daher kaum etwas Anderes zum Ausdruck bringen „können" als unmelodische Klänge, schlicht nicht mehr spielen.

Unpersönliche Wahrnehmung bedeutet auch nicht, keine Person(en) mehr wahrzunehmen. Es ist lediglich die *persönliche Sicht* auf Personen, die wegfällt! Ich kenne eine Person, die nahezu bei jedem Satz lacht, den sie ausspricht. Zweifelsfrei ein merkwürdiges Verhalten, so kommt es zumindest bei mir an. In meiner Wahrnehmung aber kann sie nicht das Geringste dafür. Daher stellt sich mir auch nicht die Frage: *Wie kann man nur bei jedem Satz lachen?* So ist sie eben gestrickt. Ich muss mich ja nicht mit ihr unterhalten. Es sei denn es wäre zwingend notwendig.

In der spirituellen Szene wird der sinnlose Versuch unternommen, alle Menschen gleich zu behandeln und sich über die Empfindung von

Sympathie und Antipathie mit „universeller oder bedingungsloser Liebe" hinwegzusetzen. Das kann aber nicht funktionieren. Denn der Körper-Geist-Organismus fühlt sich nun mal von Menschen angezogen und abgestoßen. In der unpersönlichen Wahrnehmung wird dies akzeptiert. Und diese Empfindung kann deshalb *skrupellos* akzeptiert werden, weil mit der Antipathie gegenüber einer Person kein Vorwurf verbunden ist. Und nur der Vorwurf, selbst dann, wenn er nur empfunden und nicht ausgesprochen wird, verursacht die eigentlichen Probleme.

Ich mag keine Motten. Sie sind mir nicht sympathisch. Obgleich mir klar ist, dass sie essentiell ebenso göttlich sind wie jedes andere Lebewesen, versuche ich zu vermeiden, dass sie sich in meinem Kleiderschrank aufhalten. (Du etwa nicht?) Nun möchte ich freilich mitnichten Motten mit Menschen vergleichen. Der Vergleich soll nur zeigen, dass Antipathie durchaus keine Untugend ist. Und daher meide ich auch Menschen, die ebenso wie Motten keinerlei Sympathie in mir auslösen.

Den Umgang mit manchen Menschen, die kein Wohlgefühl in uns auslösen, ist natürlich nicht zu vermeiden. Im Job beispielsweise, im Verwandtschaftskreis oder in der Nachbarschaft. Meine Erfahrung ist jedoch, dass viele, wenn nicht die meisten Konflikte in der unpersönlichen Wahrnehmung nicht mehr stattfinden. Und weshalb finden sie denn überhaupt statt? Zumeist doch nur deshalb, weil du dich „persönlich" beleidigt, missachtet oder angegriffen fühlst. In den wenigsten Fällen geht es bei Konflikten um unterschiedliche Standpunkte, die einer Klärung bedürfen. Dann ist ein Konflikt allerdings unvermeidlich. Und mitunter auch nützlich.

Diese Beispiele sollten ausreichen, um zu beweisen, dass unpersönliche Wahrnehmung nicht indifferent macht, sondern im Gegenteil die Unterscheidungsfähigkeit stärkt. Was wegfällt ist lediglich der Eindruck persönlicher Täterschaft und ist es nicht er, der die meisten Konflikte erzeugt? Überprüfe es, glaub mir kein Wort!

Es ist daher mitnichten ein Wortspiel, wenn ich sage, dass die Nase riecht und nicht ich, dass die Augen sehen und nicht ich, dass der Mund spricht und nicht ich. Es ist vielmehr das Ergebnis der Einsicht, dass de facto niemand irgendwas tut.

Sela!

Was ich sehe und fühle ist das, worin sich das Subjekt objektiviert

Das wirkliche Problem liegt nicht darin, dass wir das Gefühl eines persönlichen Bewusstseins entwickelt haben, sondern darin, dass wir dieses unvereinbar mit dem Gefühl eines erweiterten Bewusstseins halten, das uns befähigen würde, die Natur von innen heraus zu sehen und zu fühlen.

Du bist zugleich Gott und Mensch. Ein spiritueller Lehrer fragte mich angesichts dieser Aussage einmal ironisch: Und ich dachte, ich sei kein Mensch, sondern Bewusstsein?!

Im Gegenteil: Du bist sogar erst dann wirklich menschlich, wenn klar ist, dass du essentiell das bist worin (dein) Menschsein erscheint. Bei Jesus sehr schön zu erkennen: *Ich und der Vater sind eins*, sagte er. Oder: *Wer mich sieht, sieht den Vater!* Oder: *Ehe Abraham wurde BIN ICH.* Mit diesen Aussagen verwies er auf seine Göttlichkeit. Und dann, im Garten Gethsemane, kurz vor seiner Verhaftung schwitzt er Blut und bittet den Vater (welcher er selber ist): *Wenn möglich, lass diesen Kelch an mir vorübergehen!* Und da war er eben ganz und gar Mensch!

Aber Jesus, ich dachte du bist Gott, bist der Vater! Steig doch vom Kreuz, wenn du Gott bist, riefen einige spöttisch, als er da so hilflos hing wie jeder andere sterbliche Mensch! *Hast du nicht mal verkündet: Alles ist möglich, dem der da glaubt!? Sogar Berge würde er versetzen können!*

Daran kanns keinen Zweifel geben! Die Frage ist nur: Glaubst du, *wann* immer du glauben willst, an *was* immer du glauben willst, oder geschieht solcher Glaube in dir, fällt er dir zu, kommt er über dich, bemächtigt er sich deiner, agiert er mit dir und durch dich!?

Der Sohn kann nichts von sich selber tun, sondern was er sieht den Vater tun, das tut gleicherweise der Sohn![29] So läufts und nicht anders! Nicht nur bei Jesus, den ich eben zitierte, sondern bei uns allen. Bei Atheisten und Nihilisten ebenso wie bei Religiösen und Spirituellen. Aber ebenso auch bei all denen, die in der Einbildung leben, ihre Realität kraft ihrer Göttlichkeit selbst gestalten zu können. Nichts aus sich selbst heraus tun zu können ist kein besonderer Status, sondern ein für alle Lebensformen geltendes Gesetz. Ohne Ausnahme! Ebenso für alle Lebewesen gültig wie das Gesetz der Schwerkraft!

Oh ja, es gibt schon das, was man Wunder nennt! Selbst erlebt. Nicht nur einmal. Doch wenn ein Wunder geschieht, womöglich sogar mit dir bzw. durch dich, dann niemals, weil „du" so kraftvoll zu glauben vermagst!

Das Schicksal ist alles bedeutet im täglichen Leben, klar zu sehen, dass ich als Mensch nur ein Instrument bin, das benutzt wird. So wie ein Maurer die Kelle, ein Schuster den Hammer, ein Bauer den Mähdrescher, ein Maler den Pinsel, ein Fernfahrer das Lenkrad benutzt. Im Alltag jedoch fühlst du dich nicht etwa fremdbestimmt. Im Alltag bist du ganz und gar Mensch. Vollständig Mensch. Und zum Menschsein gehört nun einmal *persönliches Bewusstsein.*

Wie das zusammengeht? Nun, weil unpersönliche und persönliche Wahrnehmung keinen Widerspruch bilden, sondern einander ergänzen. Nur der gespaltene Mind hat damit Probleme.

Was sonst sollte ich sein als die Quelle? Kann man denn Quelle und Bach voneinander trennen? Fließt im Bach etwa ein anderes Wasser als das, welches der Quelle entspringt? Und doch kann ich mich in meinem Fließen als Bach als Quelle weder sehen noch fühlen! Denn Quelle ist kein zeitlich begrenztes Objekt, sondern ewig Subjekt.

Was ich sehe und fühle ist das,
worin und womit sich das Subjekt objektiviert

---

[29] Bibel, Johannes 5:19

Unter anderem im Menschsein. Ohne Menschsein würde sich die unpersönliche Quelle nicht persönlich wahrnehmen können!

Seh ich mich nicht als die Quelle, bin ich „nur" Mensch. Eingebunden in einen sterblichen Körper, der x Bedürfnisse hat, die sich nur selten gänzlich befriedigen lassen. Daher sind die meisten Menschen oftmals frustriert. Sehen meistens nur was nicht funktioniert. Spiegelt sich in den Nachrichten. Außer Sport, Prominenten-Hochzeiten, der Vergabe des Oscars und des Nobelpreises geht's meistens um Katastrophen, Krieg, Mord, Konflikte, dem Tod Prominenter, Verbrechen und Betrügereien jeglicher Art.

Seh ich mich nicht als Mensch, bin ich in meiner Wahrnehmung „nur" Gott oder „nur" Bewusstsein und komme garantiert in die Bredouille. Denn das Menschsein drängt sich mir ja sekündlich auf. Mit all seinen Problematiken und Einschränkungen. Und was bleibt mir dann anderes übrig, als es zu verleugnen, es zu verdrängen. Ob ich will oder nicht! Das wird dann geschehen müssen.

Daher hat so manch ein Spiritueller den Fernsehapparat und somit auch die Nachrichten aus aller Welt abgeschafft. Er blendet das, womit er sich in seiner Göttlichkeit gestört fühlt, einfach aus. Pardon, er unternimmt den Versuch! Denn mehr als das geht nicht.

Unvereinbar erscheint unpersönliche und persönliche Wahrnehmung nur dann, wenn der Eindruck persönlicher Täterschaft nicht als Illusion durchschaut wird.

> Ja, ich bin Mensch, sogar ganz und gar Mensch,
> der Handelnde aber, der bin ich nicht!

Ich kann aus mir selbst heraus nur tun, was sich durch mich tut. Was natürlich im Umkehrschluss bedeutet, dass ich alles tun kann, was sich tun lässt! Denn die Grenzen meines Tuns bestimme ja nicht ich, sondern die Quelle. Oder das Schicksal.

In manchen meiner Events üben wir Strategien zur Selbstüberwindung. Die Teilnehmer sind dabei beispielsweise angehalten ein möglichst stark frequentiertes Geschäft zu besuchen und anstatt dort auf die Frage des Verkäufers: „Was kann ich für Sie tun?" ein Produkt zu verlangen, ein Gedicht vorzutragen. Oder mit einer Leine, an dessen Ende eine Banane gebunden ist, mit der sie wie mit einem Hund reden, durch eine belebte Fußgängerzone zu gehen. Um nur zwei Beispiele zu nennen.

Manchen Teilnehmern – allerdings den wenigsten – bereiten solche Übungen nicht die geringsten Probleme. Andere finden dazu schlicht nicht den Mut und kommen zumeist niedergeschlagen in den Seminarraum zurück.

Natürlich verwende ich diese Übung nicht als Strategie zur Selbstüberwindung, obgleich ich dies früher in sogenannten Persönlichkeitsseminaren tat. Es geht vielmehr darum, möglichst klar zu erkennen, dass keiner über die Grenzen und Möglichkeiten seiner Handlungsfähigkeit bestimmt.

Manch einer feedbackt zwar nach der Übung: „Ich habe Sachen gemacht, die ich mir vorher niemals zugetraut hab!" Super, sag ich dann, und nun stell dir die Frage, wie es dazu kam! Und immer kommt dabei zu Tage, dass die Ursache in unkontrollierbaren inneren Impulsen und äußeren Umständen bestand. Meistens aus einer Kombination beider Elemente.

Zum gleichen Ergebnis kommen aber auch jene, die entweder nicht die geringste Hemmschwelle oder eine so starke hatten, dass sie keine der Übungen zu machen vermochten.

Die Grenzen unserer Handlungsfähigkeit sind gesetzt! Diese Erkenntnis führt den Teilnehmern zumindest einmal vor Augen, dass sie in Wahrheit nicht handeln. Ich kann zwar weiterhin sagen: Das ist mir gelungen! Das vermochte ich nicht! Gleichzeitig aber ist (mir) bewusst, dass „mir" weder etwas gelingt noch etwas misslingt. Weil ich nicht der Handelnde bin. Und das ist es, was man unpersönliches Wahrnehmen nennt. Sela!

Unpersönliche Wahrnehmung suspendiert die persönliche nicht

Ich habe so viele Ichs, und von denen mögen wohl einige „gut" sein, sanftmütig, freundlich, hochherzig: aber es werden wohl auch „schlechte" dabei sein, die vielleicht wild, grausam und nervtötend sind. Die Bandbreite unserer Ichs ist übrigens in diesem Wachtraum geringer als im Schlaftraum, der keinen Hemmungen unterworfen ist...

So relativiert sich auch das Bild, das andere von mir haben. Was jemand über mich denkt, ist ganz einfach sein Gedanke, wie er sich in einer „Gedächtnis" genannten Abteilung seines Geistes vielleicht bildlich formt. Es ist ein Gedächtniseindruck, der nichts mit mir zu tun hat, nichts mit dem, was ich bin oder nicht bin...

Jedenfalls handeln Ichs nicht! Sie reagieren auf scheinbare äußere Reize, aus denen innere Bilder werden.

„Ich habe so viele Ichs!" Wer ist aber der, der so viele Ichs hat? Kein-Ich natürlich. Das Wort „Ich" ist in diesem Kontext nur ein Verweis auf einen spezifischen KörperGeistOrganismus. Dieser beherbergt viele Iche, deren jedoch keines handelt. Sie reagieren und interagieren nur, und das festzustellen und einzusehen bedarf lediglich einer gründlichen Untersuchung gepaart mit der Aufrichtigkeit, die Wahrheit und nicht die eigene Meinung bestätigt zu finden.

Das aber ist gar nicht so einfach! Denn womöglich kracht unser gesamtes Selbstbild und Weltbild wie ein Kartenhaus in sich zusammen. Bei mir war es so und ich kann keineswegs behaupten, dass es das war, was ich bei Ramesh Balsekar suchte.

Naja, gänzlich unbekannt war mir ja schon zuvor nicht, dass wir uns aus vielen Ichs zusammensetzen. Schließlich hatte ich mit Begeisterung mehrfach den Steppenwolf von Hermann Hesse gelesen, in welchem er die Vielgliedrigkeit des menschlichen Wesens beschreibt.

Ebenso das Sachbuch Multimind von Dr. Robert Ornstein, durch das mir klar wurde, dass wir nicht Moment für Moment dieselbe Person sind, sondern verschiedene, je nach Situation, in der wir uns jeweils befinden. Nur eins war mir nicht klar, jedenfalls nicht wirklich, nicht so jedenfalls, dass die Einsicht Einfluss auf mein alltägliches Leben gehabt hätte.

Eigentlich hätte es mir klar sein müssen. Denn wie sollte eine Person, die aus verschiedensten Persönlichkeitsaspekten besteht, die situativ zum Einsatz kommen, homogen sein und darüber hinaus auch noch darüber bestimmen können, welcher Aspekt sich gerade am besten eignet? Das Konzept persönlicher Täterschaft war jedoch dermaßen stabil in mein Gehirn installiert, dass ich damals nicht einmal auf die Idee kam, mein freier Wille könne Illusion sein. Obgleich - ganz so stabil war das Konzept schon damals nicht mehr, aber jedenfalls noch stabil genug, um mir vorzugaukeln, ich könne schon noch eine ganze Menge in meinem zukünftigen Lebenslauf beeinflussen.

Daher bin ich keinem böse, der mich aufgrund meiner Klarsicht angreift! Ich mach ihm schließlich das scheinbar wertvollste und wichtigste Konzept seines Lebens kaputt! Die Grundlage, auf der er zu stehen meint und ohne die er glaubt in der Luft zu hängen! In Wahrheit wäre es freilich das Beste, was ihm passieren könnte! Da er das aber nicht weiß, ist ihm kein Vorwurf zu machen. Letztlich geht's nicht gegen mich, sondern gegen die Wahrheit!

In seinem Kopf entsteht ein Bild über mich und mit dem kämpft er, mitnichten mit mir. Und wenn er sich über mich äußert, kann es nur dem Bild entsprechen, das ins Bewusstsein transportiert wird. Das alles sind vollkommen unpersönliche Vorgänge, die aber freilich dann, wenn sie geschehen, sehr persönlich wirken. Und diesem persönlichen Spiel vermag auch ich nicht immer widerstehen. Also wird so getan, als sei ein persönlicher Angriff erfolgt, auf den Werner Ablass ebenso persönlich reagiert. Was natürlich für meine Gegner ein gefundenes Fressen ist: *Oho, ich dachte, du wärst in der unpersönlichen*

Wahrnehmung verankert!? Und jetzt reagierst du auf einen persönlichen Angriff derart persönlich!?

Tja, lieber Gegner, ich kann mir das leisten! Und zwar gerade deshalb, weil in meiner Wahrnehmung nur virtuelle Personen existieren! Wenn du tunlichst vermeidest persönlich zu werden, ist dies eher ein Indiz dafür, dass du über unpersönliche Wahrnehmung nur sprichst oder schreibst. Aber eigentlich gar nicht weißt, worüber du sprichst oder schreibst.

Eine virtuelle Person zu beleidigen ist schließlich wesentlich leichter als eine echte! Das ist ja der Grund dafür, weshalb beispielsweise auf Facebook Personen so oft beleidigt werden. Man sitzt der Person, die man angreift, ja nicht gegenüber und sieht ihr nicht in die Augen. Und in meiner Wahrnehmung ist das nicht nur so, wenn ich einer Person nicht direkt gegenübersitze.

Wie sollte ein Unternehmen funktionieren, wenn ein Chef immer im Unpersönlichen bliebe? Wenn er also einen Mitarbeiter, der ständig zu spät zur Arbeit erscheint oder Ausschuss produziert, nicht im Gespräch *persönlich* darauf ansprechen und ihm klarmachen würde, dass er dieses Verhalten nicht länger duldet! Wie sollte Kindererziehung funktionieren, wenn dem Kind keine Grenzen gesetzt würden, was ebenfalls eine *persönliche* Ansprache bedingt. Und dieses Prinzip gilt ebenso für Partnerschaft, Freundschaft, Nachbarschaft, eigentlich jede Beziehung.

Und doch besteht ein gewaltiger Unterschied in der Wahrnehmung, wenn klar ist, dass die Person nur eine Erscheinung im Bewusstsein ist, die nicht aus eigener Initiative handelt. Und somit nicht verantwortlich ist für ihr Verhalten.

Im täglichen Miteinander kann auf den Ausdruck von Betroffenheit in vielen Fällen nicht verzichtet werden. Wie sollte sonst im Gegenüber Betroffenheit ausgelöst werden? Der Sohn oder die Tochter stiehlt den Eltern 100 Euro aus dem Geldbeutel und die Eltern sehen darüber hinweg, weil ihnen bewusst ist, dass er ja nicht für den Diebstahl verantwortlich ist??! Solch ein Verhalten hätte nichts mit unpersönlicher Wahrnehmung zu tun, sondern wäre pseudospiritueller Mindfuck. Nein, Eltern, in denen der Eindruck persönlicher Täterschaft deaktiviert ist, würden ihr Kind natürlich *persönlich* zur Rechenschaft ziehen und ihre *persönliche* Betroffenheit äußern, ganz so, als wäre es ein Dieb und sie die Bestohlenen! Weil ihnen jedoch bewusst wäre, dass der Täter Illusion ist, würden sie ihm kein Schuldbewusstsein einreden. Sätze wie: „Wie konntest du nur so etwas Schlimmes tun?" oder „Wenn du so weitermachst, wirst du noch im Gefängnis landen!" oder „Du bist völlig missraten, dabei haben wir doch alles getan, um dich zu einem wertvollen Mitglied der menschlichen Gesellschaft zu machen!" werden daher sicherlich nicht über ihre Lippen kommen!

Wie schon mehrere Male erwähnt, suspendiert die unpersönliche die persönliche Wahrnehmung nicht. Sie ist nur noch Mittel zum Zweck der Kommunikation auf der persönlichen oder relativen Ebene und keineswegs mehr. Auf der absoluten kanns keinen Zweifel mehr darüber geben, dass keiner etwas tut, dass alles geschieht.

Sela!

Innere Stabilität im alltäglichen Leben

Stabilität bedeutet Festigkeit. Wer Stabilität besitzt hat einen festen Stand. In dieser Welt ist nichts absolut stabil: Denn alles ist in der Veränderung begriffen. Wer das begriffen hat, der kann eine innere Stabilität besitzen, auch wenn äußerlich Dinge sich ändern.

Die festeste Grundlage der Stabilität kommt von der Erfahrung des wahren Selbst, der wahren Natur: Hinter allen Veränderungen ist ein einziges Bewusstsein, im Yoga Shiva bzw. Brahman genannt. Dieses unendliche Bewusstsein hat vollkommene Stabilität... In diesem höchsten Bewusstsein verankert zu sein, verleiht innere Stabilität und die Fähigkeit in einer Welt der Veränderungen dynamisch zu agieren.

wiki.yoga-vidya.de

Verstehen, nicht verändern führt zu innerer Stabilität

Der individuelle Verstand wehrt sich gegen den Gedanken, dass er die Dinge nicht kontrollieren kann, er glaubt, dass in seinem Leben Chaos herrschen würde, wenn es keinen freien Willen geben würde. Doch ganz im Gegenteil: Stellen Sie sich das Chaos in der der Welt vor, wenn jedes der Milliarden von Individuen freien Willen hätte!

Du brauchst dir doch nur einmal vorstellen, was in deinem Organismus los wäre, würden die Leber, der Magen, das Herz selbstständig darüber entscheiden können, ob sie heute wieder normal funktionieren oder mal ne Auszeit nehmen. Nö, sagt der Darm zum Magen, behalt das Zeug mal schön bei dir, ich mag es heute nicht transportieren! Und das Herz sagt zum Blut: Ich gönn mir mal ne Pause, hab keinen Bock mehr im Schnitt 70-mal pro Minute zu schlagen. Wenigstens ne Stunde Entspannung muss doch auch für mich mal drin sein. Oder die Leber sagt: Ich hab keine Lust mehr den Entgifter zu spielen! Oder das Auge sagt zum übrigen Körper: Du musst mal ne Zeitlang ohne mich auskommen. Stell dich schon mal drauf ein: Ab morgen bin ich 14 Tage in Urlaub.

Stell dir vor die Sonne könnte ihre Temperatur selber einstellen. Heute wärs glühend heiß, morgen eiskalt und erst übermorgen wieder wohl temperiert. Oder das Meer möchte grenzenlos sein: *Immer nur stranden! Das ist doch kein Leben!* Oder die Bienen möchten keine Liebesboten mehr sein und die Pollen von einer Blüte zur anderen tragen, nur weil die „prüden" Pflanzen keinen Sex miteinander haben und sich ohne sie nicht vermehren können.

Stell dir vor mensch könnte morgens im Bett liegen bleiben. Solange er will! Und morgen natürlich auch. Sowie übermorgen! Womöglich Wochen, Monate, Jahre. Oder er könnte jeden Job kündigen, der ihm keinen Spaß macht! Oder jeden Menschen ermorden, der ihm unsympathisch erscheint. Oder sich vor den Zug werfen, wenn ihm das Leben gerade mal besonders sinnlos erscheint!

Naja, wirst du sagen, aber es gibt sie ja, die Selbstentleiber. Klar gibt es sie und es hat sie schon immer gegeben. Interessant dabei ist, dass die Suizidrate sich statistisch über einen Zeitraum von über 100 Jahren in Deutschland prozentual im Mittel nur marginal verändert hat. Trotz der Ausschläge, besonders freilich während der Zeit der Depression und dem Krieg, blieb sie insgesamt gesehen ziemlich konstant. Die Dinge ändern sich nicht wesentlich.

Du magst einwenden: Aber es gibt doch Chaos in der Welt! Absolut! Aber es hält sich offensichtlich in Grenzen. Die Medien bauschen es auf, weil sie über kaum etwas Anderes als über Unfälle, Prominentenscheidungen, Katastrophen, Firmenzusammenbrüche, Sturmfluten, Erdbeben, Krieg, Terroranschläge, Verbrechen etc. berichten. Würden sie jedoch mindestens genauso oft über Ordnung berichten, was ja durchaus möglich wäre, wäre der Beweis erbracht, dass Chaos und Ordnung zu gleichen Anteilen existieren. Ich vermag dies zwar nicht mit Zahlen zu untermauern, wäre Unordnung jedoch überproportional, wie die Medien es uns suggerieren, wäre die Welt vermutlich schon längst im Chaos versunken.

Dass der freie Wille Illusion ist, ist nicht nur großartig, sondern überlebenswichtig! Nicht nur was den Lauf der Gestirne, nicht nur was Flora und Fauna, nicht nur was die Funktion unseres Körpers, nicht nur, was die Menschheit als Ganzes, sondern auch was unser individuelles Erleben betrifft.

Innere Stabilität oder innerer Frieden werden daher nicht erfahren, wenn wir versuchen die Welt – und sei es auch nur unsere Erlebniswelt – *grundlegend* zu verändern, sondern indem wir verstehen, wie sie funktioniert und welche Prinzipien und Gesetzmäßigkeiten ihr zugrunde liegen.

Das Verstehen führt zum Loslassen all der Vorstellungen, die uns im Hamsterrad festhalten. Weil wir uns nämlich nicht von der Stelle bewegen, egal wie schnell oder emsig wir laufen. Und allein das ist es, was inneren Unfrieden schafft!

Sela!

Die Unschuld des Kindes liegt darin, dass es sich keine Schuld zuweist

Auf die Frage „Wie können wir unser Erziehungssystem verbessern, damit die Kinder nicht konditioniert werden, antwortete Ramesh: „Das können wir nicht! Wenn Sie es könnten, dann würde die ganze Welt zu einem Ende kommen."

Letztes Jahr nahm unser Sohn Yannick an einer christlichen Freizeit teil. Er wollte dahin, weil einer seiner Freunde angemeldet war und ihn bat mitzukommen. Anschließend war er ziemlich durch den Wind und auch ein wenig erkältet. Da ich ahnte, dass dies nicht an der Wetterlage liegen konnte, fragte ich ihn, was ihm besonders gut und was ihm gar nicht gefallen habe.

Besonders „geil" fand er, dass sie jeden Tag Fußball spielten, besonders „ätzend" fand er die Bibelstunden. Er sei bei den biblischen Geschichten und dem gemeinsamen Beten beinahe eingeschlafen, habe sich zu Tode gelangweilt und manchmal auch gedacht: Was für ein Käse!

Kinder haben ein natürliches Empfinden für Wahrheit und Betrug, für authentisches und aufgesetztes Verhalten. Hinzu kommt: In unserer kleinen Familie wird nicht gebetet, auch nicht meditiert. Und in der familiären Kommunikation nimmt Advaita als Philosophie keinen Raum ein. Und ich käme nicht auf die Idee mit Yannick darüber zu reden oder ihn gar zu missionieren. Wenn ihn Advaita interessieren „soll" wird sein Interesse geweckt werden. Und das würde ich sicher wahrnehmen.

Kinder *müssen* konditioniert werden! Daran ist nichts falsch. Sie müssen den Unterschied zwischen Gut und Böse kennenlernen, denn Kinder können ziemlich grausam sein. Ähnlich wie Katzen, die mit Mäusen spielen, bevor sie sie töten und manchmal auch verspeisen.

„Die Unschuld des Kindes liegt darin, dass es sich keine Schuld zuschreibt", sagte Ramesh. Wenn du dem Kind jedoch nicht beibringst, dass es „gut" ist sein Zimmer selbstständig aufzuräumen und „schlecht" ist, wenn die Eltern es immer und immer wieder daran erinnern oder es selbst machen müssen, wird sein Gehirn nicht dementsprechend konditioniert.

Wir müssen uns bei aller Liebe zum Kind immer wieder vor Augen halten, dass es wie das Gehirn jedes Menschen wie ein Computer arbeitet. Input = Output. Klar, in erster Linie sind es die Gene, die sein Verhalten bestimmen. Doch kein geringer Anteil seines Verhaltens als Erwachsener – selbst Hirnforscher sind sich nicht einig wie hoch dieser ist – bilden Umwelteinflüsse und die hängen freilich auch und insbesondere mit dem Verhalten seiner Eltern zusammen. Es ist kein Zeichen von Einsicht, sondern von mangelndem Verantwortungsbewusstsein, wenn Eltern glauben, da alles determiniert sei, läge die Entwicklung des Kindes ohnehin nicht an ihrem Verhalten! Im Gegenteil: Das Verhalten der Eltern gegenüber dem Kind ist sogar zu einem nicht unwesentlichen Teil seines Schicksals!

Natürlich kann keiner verantwortlich sein, der unverantwortlich gestrickt ist. Und in manchen Fällen erleben ja auch verantwortliche Eltern, dass ihr Kind beispielsweise drogenabhängig oder kriminell wird. Evident ist darüber hinaus, dass Kinder, deren Elternhaus keine „Auffälligkeiten" aufweist, zu Messies oder gar zu Verbrechern werden können. Fakt ist aber auch, dass manch ein unverantwortliches Elternpaar verantwortungsvoll handelnde Kinder hat. Ich hatte einmal eine Freundin, die sich nie darum kümmerte, ob ihre beiden Töchter die Hausaufgaben machten und gute Noten schrieben. Beide machten ein 1er Abitur. Was einmal mehr beweist, dass das Schicksal alles ist.

Dennoch konditionieren Eltern ihr Kind! Selbst wenn sie es nicht wollen. Und eine ganze Reihe von Konditionierungen auf den verschiedensten Feldern menschlichen Daseins sind überaus wichtig fürs Erwachsenenleben. Dazu gehört auch die Ich-Illusion. Der Hirnforscher Dr. Gerhard Roth nennt sie „nützlich"! Und das ist sie auch, allerdings nur auf zwei Feldern:

1. Zur Orientierung: Hier stehe ich, dort stehst du oder irgendwas Anderes. Eine Person, ein Haus, ein Baum, eine Straße, ein Auto. Das ist deins, das ist meins. Das gehört mir und das gehört dir. Stell dir vor, was passieren würde, wenn wir zwischen hier und dort, ich und du, mein und dein nicht unterscheiden könnten! Leben wäre ein Desaster! Die Dekonditionierung der Ich-Illusion führt (hoffentlich) nicht dazu, dass sie „weg" ist. Sonst wärst du ein pathologischer Fall. In der medizinischen Fachsprache nennt man das Depersonalisation. Das Ergebnis der Dekonditionierung ist lediglich die Klarheit, dass jedes Ich *virtuelle Realität* ist.

2. Für das Empfinden dich stets unter verschiedenen Alternativen frei entscheiden zu können. Wie es Schopenhauer zum Ausdruck gebracht hat: *Ich kann stets tun was ich will, jedoch nicht wollen was ich will!* Es ist eben nicht so, dass die Gewissheit niemals wollen zu können, was ich will, mich darin lähmt, zu tun was ich will!

„Sinnlos meinem Kind Manieren beibringen zu wollen, ob es welche hat oder nicht entscheidet das Schicksal!" So eine Schlussfolgerung zu ziehen ist Mindfuck, nicht etwa das Ergebnis „höherer" Einsicht. Denn du bist ja Teil seines Schicksals und daher gefordert dein Bestes zu geben!

Wie sollte das menschliche Leben ohne Ich-Konditionierung funktionieren können? Die Welt würde zu einem Ende kommen, wie es Ramesh gesagt hat. Denn der Mensch braucht sie im täglichen Leben sowohl zur Orientierung als auch für das freilich illusionäre Empfinden sich frei entscheiden zu können.

Zum Problem wird die Ich-Konditionierung nur dann, wenn nicht gleichzeitig klar ist, dass ich mich, egal was und wie ich entscheide, immer nur so entscheiden kann, wie es mir zu entscheiden bestimmt ist.

Unser Sohn wird zwar ab und an gemaßregelt, jedoch nie schuldig gesprochen! Doch das verhindert nicht, dass er sich manches Mal nach einer Maßregelung zumindest temporär schuldig fühlt. Wir verstärken dieses Schuldgefühl jedoch nicht, weil wir ihn nicht als Täter seiner Taten betrachten können. Mehr als das ist nicht möglich.

Du kannst das Prinzip der Dualität nicht umgehen oder austricksen. Auch nicht in der Kindererziehung. Wäre auch nicht sonderlich hilfreich. Denn ohne sie würde selbst die kleine Familienwelt nicht funktionieren.

Sela!

Niemand hat eine „eigene" Meinung

Bewusstsein braucht einen psychosomatischen Apparat, um sich selbst objektiv ausdrücken zu können!

Die Frage nach dem Sinn des Lebens begann bei mir ziemlich früh, ich war wohl erst um die 12 Jahre alt. Ich bin mir nicht sicher, ob diese Frage zum ersten Mal auftauchte, als ich meine damalige Lieblingsspeise, ein Schnitzel verdrückte, aber zumindest war es ein sehr eindrückliches Erlebnis. Denn die Sinnfrage vermieste mir die Freude daran.

„Wozu esse ich dieses Schnitzel mit Genuss, wenn es doch anschließend zu Scheiße auf dem Klo wird?" Das Schnitzel zu essen erschien mir in diesem Moment derart sinnlos, dass ich keine Lust mehr hatte es zu verspeisen. Ich wusste damals noch nicht, dass nur die unverdaulichen Reste der Nahrung ausgeschieden werden. Ich glaube jedoch, selbst dieses Wissen hätte mich nicht von der Sinnhaftigkeit des Vorgangs der Nahrungsaufnahme überzeugt.

Sinnsuche war sozusagen mein Schicksal! Und sie wurde erst beendet, als ich mit immerhin schon 55 Jahren in einem der täglich stattfindenden Talks mit meinem Meister Ramesh Balsekar saß. Dabei war seine Antwort auf die Sinnfrage so einfach, dass sie jedem Kind verständlich sein müsste.

Wie Bewusstsein oder Gott oder das Namenslose sich ausdrückt, ist natürlich nicht unter unserer Kontrolle. Die Massenmörder Dschingis Khan, Adolf Hitler und Josef Stalin dienten dem was wahrnimmt ebenso als *Apparatschik* wie die so-called Erleuchteten Jesus Christus, Gautama Buddha oder Laotse!

Stockt dir gerade der Atem? Schüttelst du den Kopf? Entrüstet dich diese Aussage?

> Jeder von uns ist lediglich ein psychosomatischer Apparat,
> mit dem und durch das was wahrnimmt sich selbst in verschiedensten
> Rollen derart real erscheint,
> als wäre es de facto das, als was es lediglich erscheint

Bist du dir dessen gewiss – und diese Gewissheit kannst du dir unmöglich selbst verleihen oder gedanklich aneignen – mögen dich Ereignisse, die durch oder mit Menschen geschehen, zwar verblüffen, du vermagst jedoch nicht mehr daran zu zweifeln, dass sie so und nicht anders geschehen müssen und dürfen!

Ich war verblüfft, als Frau Merkel beschloss, die Grenzen für all jene Flüchtlinge zu öffnen, die damals in Ungarn feststeckten. Es sollte darum gehen, Panik und schlimme Bilder zu vermeiden, auch darum, Länder wie Ungarn zu entlasten. Zwischen Ende August und dem 13. September waren bereits 63.000 Flüchtlinge in München angekommen. Stündlich übertraten 500 Menschen die Grenze. Ein Jahr später waren mehr als eine Million Menschen seit August 2015 über die deutsche Grenze gekommen. Im Juli 2016 wurden in Deutschland zwei Terroranschläge verübt. Kritiker warfen der Kanzlerin vor, dass die Täter durch ihre Flüchtlingspolitik ins Land gekommen seien. Trotzdem wiederholte Merkel ihr "Wir schaffen das" auch bei ihrer Sommer-Pressekonferenz in jenem Jahr.

Mehr als zwei von drei Geflüchteten, die in Deutschland einen Asylantrag stellen, waren männlich. Bei Jugendlichen und jungen Erwachsenen gab es ein großes Ungleichgewicht: In der Altersgruppe der 16- bis 18-Jährigen waren vier von fünf Flüchtlingen männlich, bei den 18- bis 25-Jährigen standen drei Männer einer Frau gegenüber. Mindestens 80 Prozent waren Muslime. Und wir wissen aus der Geschichte der Menschheit, dass „gläubige" Muslime sich nicht integrieren können. Daran haben sie keine Schuld, Ihr Glaube, der einzig wahren Religion anzugehören, verunmöglicht es ihnen.

Als ich im Alter von 23 Jahren, also im Jahr 1972 – lange vor Al Quaida und ISIS - innerhalb einer Gruppe von insgesamt 8 Personen auf dem Landweg in einem umgebauten schrottreifen Reisebus nach Indien reiste, kamen wir nach dem Iran, der damals noch Persien hieß, durch Afghanistan, das damals ebenso wie Persien noch ein Königreich war. Die Außenanlage des Hotels in Herat[30], in welchem wir in unserem Bus übernachteten, wurde von der Polizei überwacht, weil wenige Wochen zuvor einigen amerikanischen Touristen im Hotel die Kehle durchgeschnitten worden war. Alle Westler, so wurde uns von einem Missionar mitgeteilt, der innerhalb der Blinden Christoffel Mission in Herat wirkte, seien in der Wahrnehmung vieler Muslime, insbesondere der Mullahs, Christenschweine, die gemäß dem Koran und ihrem Verfasser den Tod verdienen. Solche Morde kämen immer wieder vor, weshalb sein Haus und seine Familie ebenfalls Polizeischutz erhielten, obgleich bekannt sei, dass sie blinden Afghanen nur helfen würden.

Bei einem abendlichen Spaziergang durch den Ort sahen wir in so viele hasserfüllten und grimmigen Gesichter, dass wir uns schleunigst auf den Heimweg zum Hotel machten. Als wir dann in Kabul in Begleitung eines damals dort noch ansässigen amerikanischen Pastors durch die Innenstadt streiften und die Lebensverhältnisse und Lebensweise der Menschen sahen, war unser Eindruck, dass sie sich noch im Mittelalter befanden. Und 40 Jahre später hat sich daran wenig geändert.

In meiner Wahrnehmung „kann" sich die Mehrzahl der vom archaischen Islam geprägten und konditionierten Menschen nicht in Länder integrieren, deren Bewohner bereits die Aufklärung hinter sich haben und zum größten Teil säkularisiert sind. Der Willkommensgruß Merkels war in meiner Wahrnehmung nicht nur ihre größte politische Fehlentscheidung, sondern schon der Politiker vor ihr, die Muslime in großer Anzahl einwandern ließen. Der sozialdemokratische Altkanzler Helmut Schmidt sah das übrigens ebenso und empfahl daher schon im Jahr 2005:

---

[30] Herat ist die Hauptstadt der Provinz Herat und die zweitgrößte Stadt des Landes nach Kabul.

„Wir müssen eine weitere Zuwanderung aus fremden Kulturen überwinden. Als Mittel gegen die Überalterung kommt Zuwanderung nicht in Frage. Die Zuwanderung von Menschen aus dem Osten Anatoliens oder aus Schwarzafrika löst das Problem nicht, sondern schafft ein zusätzliches dickes Problem."

Japan ist momentan das einzige Land auf dem Globus, das eine vorbildliche Einwanderungspolitik gegenüber Muslimen praktiziert. *Die offizielle Politik Japans ist, dass Muslime keine Staatsbürgerschaft erhalten und auch unbefristete Aufenthaltsgenehmigungen werden kaum ausgestellt. Japan verbietet das Werben für den Islam, weil es die aktive Konversion zum Islam fördert und der Islam als eine fremde und unerwünschte Kultur angesehen wird. Wenige akademische Institutionen lehren die arabische Sprache. Es ist sehr schwierig, Bücher wie den Koran nach Japan zu importieren, und Muslime, die nach Japan kommen, sind in der Regel Mitarbeiter von ausländischen Unternehmen. In Japan gibt es sehr wenige Moscheen. Die offizielle Politik der japanischen Behörden ist es, alle Anstrengungen zu unternehmen, die Einreise von Muslimen zu verhindern, auch wenn es sich um Ärzte, Ingenieure und Manager von ausländischen Unternehmen handelt, die in der Region tätig sind. Die japanische Gesellschaft erwartet, dass muslimische Männer zu Hause beten. Japanische Unternehmen achten bei ausländischen Arbeitskräften speziell darauf, dass es keine Muslime sind. Und jeder Muslim, der versucht sesshaft zu werden, macht die Erfahrung, dass es sehr schwierig ist, eine Wohnung zu mieten. Überall wo ein Muslim lebt, werden die Nachbarn unruhig. Japan verbietet die Einrichtung von islamischen Organisationen und Institutionen, auch die Errichtung von Moscheen und Islamischen Schulen ist fast unmöglich. In Tokio gibt es nur einen Imam. Im Gegensatz zu dem, was in Europa geschieht, sind nur sehr wenige Japaner dem Islam zugetan. Wenn eine Japanerin einen Muslim heiratet, wird sie von ihrem sozialen und familiären Umfeld ausgestoßen. Es gibt keine Anwendung der Scharia in Japan. Es gibt einige Lebensmittel in Japan, die nach islamischem Recht halal sind, aber es ist nicht leicht, diese im Supermarkt zu finden. Der japanische Umgang mit den Muslimen wird auch durch Zahlen belegt: In Japan gibt es 127 Millionen Einwohner, aber nur zehntausend Muslime, weniger als ein Hundertstel eines Prozents. Die Zahl der Japaner, die konvertiert sind, wird als äußerst gering eingeschätzt. In Japan gibt es ein paar Zehntausende von ausländischen Arbeitnehmern, die Muslime sind, vor allem aus Pakistan, die es geschafft haben, über Baufirmen als Arbeitnehmer nach Japan zu kommen. Doch wegen der ablehnenden Haltung gegenüber dem Islam bleiben sie in der Minderzahl[31].*

Du magst mich nun zurecht fragen: Wieso verblüffen dich Ereignisse wie die Flüchtlings- und Einwanderungspolitik deutscher Politiker, wenn du doch überzeugt davon bist, dass sich in und mit jedem „psychosomatischen Apparat" nur ereignet, was sich nach deiner Theorie gar nicht anders ereignen kann.

Nun, die Antwort ist (wiederum) mehr als simpel: In dem psychosomatischen Apparat, der auf den Namen Werner Ablass reagiert, wird aufgrund seiner langjährigen subjektiven Erfahrung mit der Intoleranz und Radikalität fundamentalistischer Religion, seiner umfangreichen geschichtlichen Kenntnisse, seiner Prägung und seiner glasklaren Intuition eine vollkommen andere Einstellung zur Flüchtlings- und Einwanderungspolitik von Muslimen „erzeugt" als in jenen weichgespülten, opportunistischen Politikern, die für die Gefahren des Islam und die nachweisbare Nichtintegrierbarkeit der muslimischen Mehrheit in unserem aufgeklärten Kulturkreis offenbar vollständig blind sind, weshalb sich schon seit Jahrzehnten Parallelgesellschaften bilden, insgesamt 10.000 brandgefährliche Salafisten unter uns leben und ganze Stadtteile zu No-Go-Areas wurden!

In anderen psychosomatischen Apparaten wiederum - zumeist blauäugigen, einseitig gebildeten Gutmenschen mit einem ausgeprägten Helfersyndrom, sowie unbelehrbaren Erzkommunisten und gewaltbereiten Antifa-Aktivisten, die dieser gescheiterten Ideologie

---

[31] http://unser-mitteleuropa.com/2016/09/23/japan-das-land-ohne-moslems

noch immer nachtrauern - wird die Meinung, die in mir erzeugt wird, als nationalsozialistisch, völkisch, rechtsradikal, rassistisch und islamophob wahrgenommen. Keiner dieser als „Menschen" bezeichneten psychosomatischen Apparatschiks hat eine „eigene Meinung"! In jedem denkt sich nur das, was sich in ihm denken muss.

Unser Gehirn ist allerdings viel zu beschränkt, um die Reichweite der jeweiligen Ereignisse deuten oder gar seine Auswirkungen, die Zukunft betreffend, prophezeien zu können. Ein Ereignis mag uns zunächst einmal als dickes Problem, destruktiv sowie zerstörerisch erscheinen und auch entsprechende Auswirkungen haben. Einige Tage, Wochen, Monate, Jahre, Jahrzehnte, manchmal auch erst Jahrhunderte später beweist sich das Gute, Nutzvolle, Konstruktive, durchaus sinnvolle darin. Freilich nur die Entwicklung des göttlichen Spiels betreffend, denn an sich ist dieses Spiel, so wie übrigens jedes Spiel im Spiel des Lebens, vollständig sinnlos.

Hätten Menschen zwischen 1939 und 1945 geahnt, dass der 2. Weltkrieg und seine verheerenden Folgen die Ursache für 70-jährigen Frieden in Europa als Hort der Menschenrechte und Meinungsfreiheit sein würde? Hätten die Juden während dieser grauenvollen Zeitspanne geahnt, dass der Holocaust die Ursache dafür sein würde, dass ihnen die Vereinten Nationen im Jahr 1947 etwa die Hälfte ihres im Jahr 70 nach Christus verlorenen Landes nach Abzug der Briten, die Palästina vorher besetzten, per Vertrag zurückgeben würden? Diese durchaus positiven Ergebnisse rechtfertigen freilich auf der relativen Ebene nicht die unerhörten Taten.

Auch wenn Gut und Böse zwei Seiten einer Medaille darstellen, siegt am Ende eines als böse erlebten Prozesses immer das Gute. Weil Gott gut ist! Und das Böse lediglich aus einem einzigen Grund existiert: Ohne den Gegensatz zum Guten kann das Gute nicht manifest werden! Das ist auch der Grund dafür, dass kein Mensch Storys ohne Happy End mag. Seine wahre Natur lehnt eine Geschichte ohne Happy End rundweg ab! Musst du und solltest du mir nicht glauben. Überprüfe es.

Erst gestern las ich ein Interview mit dem bekannten amerikanischen Schauspieler John Malkovich, während dem ihm unter anderem folgende Frage gestellt wurde: Was empfinden Sie angesichts der aktuellen Eskalationen auf der Welt. Er antwortete: „Nichts! Was hat das mit meinem Leben zu tun? Ich mache mir keine Sorgen über Sachen, auf die ich keinen Einfluss habe! Ich verbringe meine Zeit lieber in der Abgeschiedenheit von Massachusetts, wo ich ein Haus besitze und mich der Gartenarbeit widme."

Eine wahrhaft erleuchtete Sichtweise.

Sela!

Wo kein Täter, da kein Schuldiger

Alles was durch irgendeinen Körper-Verstand-Mechanismus ge-schieht, ist außerhalb der Kontrolle des getrennten Wesens. Doch der durchschnittliche Mensch begreift dies nicht. Er ist gewohnt zu glauben, dass er die Wahl trifft. Er glaubt, dass er die Wahl der Entscheidungen hat, dass er das Leben lenkt und bleibt daher unglücklich. All dies zu begreifen, das bedeutet ganz simpel: Erleuchtung!

Hättest du das gedacht? So einfach ist also, was man mit dem bombastisch wirkenden Wort Erleuchtung bezeichnet. Es gilt nur von der Wirklichkeit, dass „ich" nicht der Handelnde bin, im tiefsten Inneren erfasst zu werden.

In Wahrheit aber ist es das Schwerste! Und nicht allein das. Es ist völlig unmöglich dieses simple Verstehen selbst hinzukriegen. Schau bitte auf deine Erfahrung! Wie oft denkst du: Ach wieso habe ich das nur wiederum gesagt, entschieden, getan?! Wie konnte ich nur dermaßen überreagieren?! Ich weiß doch, dass es mich nur in Schwierigkeiten bringt!

Wieso denkt sich das nie in mir? Wobei ich nicht von mir behaupten kann, nie etwas zu sagen oder zu schreiben, was man anschießend nicht bereuen *könnte*! *Das hätte man auch anders oder gar nicht sagen oder schreiben können!* Dieser Gedanke mag schon erscheinen. Doch er ist nicht mit dem Gefühl der Reue verbunden. Nicht etwa deshalb, weil ich skrupellos wäre oder nicht empathisch genug, sondern weil mir die Gewissheit innewohnt, dass ich weder etwas sage noch etwas schreibe.

<u>Hätte ich</u> *das doch anders ausgedrückt* oder <u>hätte ich</u> *das doch nicht* gesagt, solche Gedanken entstehen nicht in mir! Dass es andere Möglichkeiten sprachlichen Ausdrucks gibt, ist nicht zu verleugnen. Und das zu denken ist hilfreich, denn es könnte Betroffenheit auslö-

sen. Und Betroffenheit könnte verhindern, dass die Aussage in einem ähnlichen Kontext wieder gemacht wird. Obgleich es nicht sicher ist!

Mit der Reue ist es anders. Sie kann nur erscheinen, wenn geglaubt wird, man hätte die Aussage anders oder gar nicht treffen <u>können</u>! Wenn man nur aufmerksam oder geduldig oder höflich genug gewesen <u>wäre</u>. Stimmt! Man wars aber nicht! Und warum war mans nicht? Hätte man es können sollen, wärs ja passiert! Da es jedoch nicht passiert ist, hat man es nicht können sollen! Daher ist Reue in jedem Fall unangebracht. Und nicht allein das. Reue ist pure Energieverschwendung!

Wie oft habe ich meiner Frau schon gesagt: Es tut mir leid! Ich war zu laut, war zu grob, aufbrausend, etc. Ist das etwa kein Akt der Reue? Nein, ist es nicht. Es ist ein Akt der Liebe. Ein Akt des Mitgefühls. Mich selbst klage ich ja nicht an: Du hättest sanft reagieren sollen! Hättest mehr Geduld beweisen sollen! Es wäre vermutlich besser gewesen. Ist jedoch nicht passiert. Und da es nicht passiert ist, *konnte* es nicht passieren. Sonst wärs ja passiert!

Ich spür natürlich wie jedes normal veranlagte menschliche Wesen, wenn sich jemand von mir verletzt fühlt. Und das kann die Reaktion der sogenannten Entschuldigung auslösen. Wobei es kein entschuldigen gibt, denn entschulden setzt Schuld voraus. Doch es ist eben ein gebräuchliches Wort. *Verzeih mir* zu sagen find ich daher geeigneter. Es spielt jedoch letztlich keine Rolle, welches Wort wir verwenden, weil es um die Geste an sich geht.

Oft hör ich: *Das ist ja ein feines Konzept der Rechtfertigung! Du baust Scheiße und anschließend sagst du dir: Naja, ich habs ja nicht gesagt oder getan!* Nun, du kannst ja mal ausprobieren, ob das „feine Konzept" in der Praxis bei dir funktioniert! Ob du tatsächlich *fähig* bist, dich nicht selbst anzuklagen und nicht zu bereuen, wenn du Scheiße gebaut hast!

Es gibt nur zwei Möglichkeiten keine Schuld zu empfinden:

1. Wenn man ein Psychopath ist, denn in deren Gehirnen wird weder Reue noch Empathie empfunden. Sie blicken einem direkt in die Augen, können charmant und eloquent sein. Doch Psychopathen sind skrupellos: Da ihnen die Empathie fehlt, können sie ihre Ziele ohne Wenn und Aber verfolgen. Später quält sie weder Schuld noch Reue.

2. Wenn das Gehirn vom Eindruck persönlicher Täterschaft befreit ist. Ist das passiert, fehlt die Empathie nicht, sehr wohl aber die Reue. Daher quält man sich auch anschließend nicht.

Schuldgefühle und Selbstanklagen wirken zerstörerisch auf den Organismus. Und bringen nichts. Weder dir noch dem, der sich durch dich verletzt fühlt. Das weiß zwar jeder, doch das Wissen nützt gar nichts.

Ich vergebe mir! Das lernt man auf Selbstvergebungsseminaren. Oder in Selbstvergebungsarbeit beim Psychotherapeuten. Doch ein Gehirn, in dem der Eindruck persönlicher Täterschaft sein Unwesen treibt, bleibt davon ziemlich unbeeindruckt. Solange geglaubt wird „Ich handle", bist du letztlich chancenlos, dir (oder anderen) zu vergeben. Bist du jedoch von der Schimäre des Täters befreit, brauchst du dir nicht einmal mehr zu vergeben! Vergebung wird irrelevant.

Wo kein Kläger, da kein Richter, sagt man zu recht. Wo kein Täter, da kein Schuldiger stimmt ebenso.

Sela!

Die Katze lässt das Mausen nicht

Der wahrhaft tugendhafte Mensch braucht sich nicht selbst zu fragen: Sollte ich demütig oder nicht demütig erscheinen? Es ist mehr wie die unschuldige Veranlagung einer Katze. Der Weise ist sich sehr wohl der Künstlichkeit der Welt der Menschen bewusst.

Eine Katze kann fauchen und kratzen. Und sie kann Mäuse jagen, mit ihnen spielen, bevor sie zu ihrem Frühstück, ihrem Mittagessen oder Abendmahl werden. Schaut mensch diesem „Spiel" zu, ist er nicht gerade amused. In der Wahrnehmung der Katze ist dieses Katz-und-Maus-Spiel jedoch total unpersönlich. Und sie tut es zu ihrem Vergnügen. Ihr internes Programm gibt es vor.

Eine Katze liegt anschließend stundenlang wohlig schnurrend auf der Fensterbank und ich bin mir relativ sicher, dass sie dabei kein Schuldgefühl hat oder gar darüber nachdenkt, zu welch einer grauenvollen Tat sie fähig war und wie sie dieselbe in Zukunft vermeiden oder das Böse in sich selbst in Gutes verwandeln könnte. Vielleicht sogar die Maus einfach vorbeilaufen laufen lassen oder sie vor ihren Kolleginnen und Kollegen schützen. Man kann ihr das Katz-und-Maus-Spiel auch nicht abgewöhnen. Sie sozusagen zur Tugendhaftigkeit erziehen. Nach unserer Vorstellung von Tugendhaftigkeit.

Unter einem Weisen oder Erleuchteten stellen wir uns einen Heiligen vor. Voller Güte und Bescheidenheit. Demütig. Sittsam. Barmherzig. Ohne Ecken und Kanten. Süß wie eine Sahnetorte. Nie zornig, nie angewidert, nie arrogant, nie begehrlich.

Ich habe in einer christlichen Kirche noch nie ein Bild von Jesus mit seiner Geisel aus Stricken während der Tempelaustreibung erblickt. Dafür unzählige mit dem beschissenen Kreuz auf den Schultern und einer Dornenkrone auf dem Haupt. Oder mit einem Strahlenkranz über dem Haupt und demutsvoll zum Himmel gerichteten Blick inmitten seiner Jünger. Und Maria Magdalena, die Hure, wäscht ihm auf jedem Gemälde mit ihren Haaren die Füße. Schon ein recht intimer Akt, aber nie sah ich ein Gemälde, in dem sie sich umarmen und küssen. Dabei ist es doch nur wahrscheinlich, dass sie seine Geliebte war. Von keinem seiner Jünger außer ihr wird berichtet, dass er ihn mit dem Kosewort „Rabbuni" ansprach, was so viel wie „mein Meisterlein" bedeutet. Sie aber tat dies. Und er verbot es ihr offenbar nicht!

Klares Sehen – bekannt unter dem traditionellen Begriff Erleuchtung – verändert nicht den angeborenen Charakter. Demut, Bescheidenheit und Barmherzigkeit sind aber charakterliche Eigenschaften. Du findest Menschen mit diesem Charakter überall auf dem Globus. Manche von ihnen sind Atheisten. Und nirgendwo ist die Künstlichkeit des Gebarens ausgeprägter als in spirituellen Kreisen. Jesus traf den Nagel auf den Kopf, als er die damalige religiöse Elite als „übertünchte Gräber" bezeichnete. Ihm ging es offensichtlich wie mir. Ich kann ihn riechen, den Leichengestank unter den Gewändern künstlich produzierter Freundlichkeit, wohlgesetzter Worte und aufgesetzter Demut!

Nur kein schlimmes Wort sagen! Nur nicht gegen was sein! Nur nicht Stellung beziehen! Dabei brodelts im Inneren. Darf aber nicht raus. Freundliches Lächeln ist angesagt! Toleranz ist angesagt! Die Gesichtszüge dürfen mitnichten entgleisen! (Ich empfehle in diesem Kontext einen Talk mit dem als Anti-Guru bezeichneten, wahrhaft desillusionierten UG Krishnamurti, den du dir als YouTube-Video mit dem Titel: „I am just a dog barking"[32] ansehen kannst. Das ist pure Authentizität! Und nonduales Bewusstsein in Action! Allerdings musst du die englische Sprache verstehen.)

Im natürlichen Zustand bist du unschuldig wie eine Katze. Was jedoch mitnichten bedeutet, du könntest nicht fauchen und kratzen. Manchmal ist mir danach das Katz-und-Maus-Spiel zu spielen. Ruhig mal mit der Tatze draufhauen und dann wieder loslassen. Und wenn die Maus weglaufen will, gleich nochmal eins über den Schädel! Ver-

---

[32] https://www.youtube.com/watch?v=kOEA54Sqgno

bal freilich nur. Ich war lebenslang nie in eine Schlägerei involviert. Nicht einmal alkoholisiert. Mein System ist unfähig dazu.

Was sollte ich falsch (oder richtig) machen können, wenn klar ist, dass es „mich" gar nicht gibt? Obgleich diese Unterscheidung durchaus relevant ist im Alltag. Wenn ich meinen Chef als ein Riesenarschloch bezeichne, selbst wenn er eins wäre, kann ich nicht damit rechnen, dass ich dafür eine Gehaltserhöhung erhalte. Daher werde ich mich sehr wahrscheinlich zusammenreißen, selbst wenn der Gedanke erscheint. Zusammenreißen geschieht ebenso wie die Freiheit, Kraftausdrücke zu gebrauchen. Je nach Kontext, in dem ich mich gerade befinde.

Im natürlichen Zustand bist du einer unschuldigen Katze weitaus ähnlicher als einem Menschen, dessen Verhalten durch Konditionierung das ist, was man als *gesellschaftsfähig* bezeichnet. Er wird lediglich von Normen beherrscht, die sein Gehirn verinnerlicht hat. Die sind zwar mitunter recht hilfreich, um nicht ins gesellschaftliche Aus gedrängt zu werden oder gar als asozial zu gelten. Sie erscheinen jedoch im natürlichen Zustand keineswegs als zwingend notwendig.

Du bist nicht mehr abhängig von der Meinung anderer. Ob sie dich respektieren, dich ehren oder despektierlich behandeln, liegt in deiner Wahrnehmung ohnehin nicht bei ihnen. Sie reagieren lediglich so, wie es ihr internes Programm vorgibt. Und wenn ihr internes Programm nicht von dem Eindruck persönlicher Täterschaft befreit ist, haben sie gar keine andere Wahl, als einen, der an diesen Unsinn nicht mehr zu glauben vermag, zu bekämpfen. Denn du machst ihnen ja diesen Eindruck, den sie hegen und pflegen, kaputt. Daher ist es ihnen unmöglich sich auf dich einzulassen. Es würde nicht nur das Ende einer langjährigen Denkgewohnheit bedeuten, sondern das Ende des virtuellen Ichs, das ihnen vorgaukelt, sie wären ihres Glückes Schmid und sie könnten über den Lauf ihres Lebens und womöglich sogar das anderer Menschen bestimmen.

Wahre Demut, die nicht zwingend als solche erscheint, resultiert aus der Klarheit nicht mehr zu sein als eine Figur auf der Bühne des Lebens, die exakt nach Drehbuchanweisung handelt. Im Alltag beweist sich die Klarheit vor allem in einer entspannten Geisteshaltung, die selbst durch Anfeindungen, Drohungen und Verleumdungskampagnen nicht erschüttert zu werden vermag. Auch nicht durch existentielle Krisen wie Jobverlust, finanzielle Durchhänger oder andere soziale Schieflagen.

Sela!

Nur eins unterscheidet dich von einer Maschine

Sofern nicht jeder Mensch einen freien Willen hat, kann das tägliche Leben nicht geschehen. Doch wenn man genau hinschaut ist er wertlos, denn man hat keine Kontrolle über das Ergebnis.

Immer wieder lese ich, höre ich, nicht nur im wissenschaftlichen und philosophischen Diskurs über die Ergebnisse der modernen Hirnforschung, sondern auch von sogenannten Erwachten, man könne nicht behaupten, es gäbe „gar" keinen freien Willen. Man habe schon einen „gewissen Freiraum" eigene Entscheidungen zu treffen, man könne die Realität schon „bis zu einem gewissen Grad" steuern. Manche machen diesbezüglich sogar einen Unterschied zwischen Erwachten und Nichterwachten. Nicht erwacht sei man sozusagen total fremdgesteuert. Erwacht sei man „ermächtigt" frei zu entscheiden.

Dabei ist es so einfach. Wenn ein Besucher Ramesh fragte: „Habe ich wirklich keinen freien Willen?" sagte er: „Natürlich hast du einen freien Willen! Oder kannst du nicht tun was immer du tun willst, beispielsweise jetzt aufstehen und den Raum verlassen?" Wenn der Besucher dann erstaunt fragte: „Aber lehrst du nicht, dass wir keine Kontrolle darüber haben, was wir denken, entscheiden und tun?" sagte er: „Das ist der Punkt! Denn *wie* du dich jeweils entscheidest, hängt von den Gedankenimpulsen und den jeweiligen Umständen ab und über sie hast du keine Kontrolle! Daher ist der freie Wille Illusion!"

Dem Mind erscheint dies paradox. Ist es aber nicht. Es ist vielmehr überaus logisch.

Stell dir vor du hättest nicht das Gefühl dich frei entscheiden zu können! Dann wärst du eine Maschine. Die handelt ohne diesen Eindruck, ohne diese Empfindung. Wenn ich auf den Knopf unserer Spülmaschine drücke, beginnt sogleich das Spülprogramm. Sie hat keine Wahl! Sie kann sich nicht sagen: Nö, ich habe jetzt keine Lust, ich verschieb den Abwasch auf später!

Du dagegen kannst dich dazu entscheiden. Zumindest hast du diese Empfindung. Du kannst dir sagen: *Nö, jetzt habe ich keine Lust den Abwasch zu machen! Ich verschieb das auf später.* Das ist der Vorzug oder das Privileg menschlichen Lebens, den die Maschine nicht hat.

Überprüfst du jedoch, wie es zu der Lustlosigkeit, den Abwasch sogleich zu erledigen, kam, wirst du feststellen, dass der Impuls ohne deine Einwilligung in dir entstand.

Naja, wirst du womöglich sagen, das stimmt schon, aber in vielen Fällen habe ich diesem Impuls widerstanden, weil ich mir sagte: Irgendwann muss ich den Abwasch ohnehin machen, also warum nicht besser gleich!

Wirklich? Ich meine, kannst du wirklich behaupten, „du" hättest ihm widerstanden? Oder war es nicht vielmehr so, dass der Gedanke *Irgendwann muss ich den Abwasch ohnehin machen, also warum nicht besser gleich!* nicht von dir selbst gedacht wurde? War es also nicht wiederum so, dass der Gedanke sich schlicht eingestellt hat?

In manchen Fällen gibt es in solchen Situationen ein längeres Hin und Her.

- Ich mach's später!

- Nee, lieber gleich!

- Ich habe aber jetzt keine Lust!

- Lust hin oder her. Machen musst du es sowieso, also warum nicht gleich. Dann hast dus hinter dir!

- Stimmt schon, aber ich kann mich jetzt einfach nicht dazu aufraffen!

Und wenig später machst du den Abwasch dann doch....

Überprüfst du den gesamten gedanklichen Vorgang, wirst du feststellen müssen, dass auch dieser innere Dialog, sowie die ihm folgende Handlung autonom und automatisch verlief. Völlig unabhängig von „dir", der du glaubst, den Dialog mit dir selbst zu führen. Und das ist der Beweis dafür, dass du als Mensch zwar immer den Eindruck hast dich frei entscheiden zu können, dass dieser Eindruck jedoch das einzige ist, was dich von einer Maschine oder einem Roboter unterscheidet!

So dass man sagen könnte:

> Du bist eine Maschine,
> in der ein Programmpunkt der Eindruck freier Wahl ist

Diesen Programmpunkt könnte man wohl irgendwann auch einer Spülmaschine „einbauen". Das ist übrigens die Befürchtung derer, die behaupten, dass die Maschine bzw. der Roboter mit „künstlicher Intelligenz" in naher Zukunft die Menschheit versklaven und sogar vernichten könnte.

Mehrere Persönlichkeiten, die zu den „intelligentesten Menschen" der Welt gezählt werden, haben Angst, dass die Erforschung der künstlichen Intelligenz außer Kontrolle geraten könnte. Einer von ihnen ist Bill Gates. In einem Interview sagte der Microsoft-Gründer: „Falls wir die Roboter sehr gut kontrollieren können, kommen sie uns zugute. Aber wenn die Roboter in einigen Jahren intelligent genug sind, können sie auch eine große Bedrohung für die Menschheit darstellen." Bis hin zu ihrer Auslöschung.

Könnte es denn aber nicht sein, dass die gegenwärtig existierende Menschheit schon aus „Biorobotern" besteht? Wer kann denn beweisen, dass es vor ihr nicht bereits eine Generation weniger intelligenter Roboter gab, die von der gegenwärtigen Generation „ausgelöscht" wurde? Und nun wäre diese „neue Generation" gerade dabei die nächste Generation zu entwickeln, die ihr irgendwann ebenso überlegen sein wird wie jene, die sie zuvor ausgelöscht hat! Und wenn jemand darauf verweisen sollte, dass die Aufzeichnung der Menschheitsgeschichte keinerlei Beweis für diese Theorie liefert, dem gebe ich zu bedenken, dass dieselbe schlicht im Betriebssystem „gelöscht" worden sein könnte. Wer mich kennt, weiß, dass ich mich nicht auf das Feld von Science-Fiction begebe und daher auch nicht behaupte, dass dem so sei. Völlig undenkbar ist es aber nicht.

Jedoch, selbst wenn es so wäre, wäre es ein sich selbstgenerierender Prozess ohne einen Schöpfer, der dies geplant und initiiert hat sowie überwacht. Vor allem aber spielte diese Theorie für unser gegenwärtiges Erleben nicht die geringste Rolle.

Viel entscheidender für den Alltag ist vielmehr die Klarheit, dass der freie Wille lediglich auf einem programmierten Eindruck basiert, der uns Leben, wie wir es kennen und erleben, ermöglicht. In keiner Situation kannst du dich jedoch anders entscheiden, als es dir bestimmt, als es determiniert ist. Und wieviel Angst und Sorge ist doch mit dem absurden Glauben verbunden, dass wir das tatsächlich und nicht nur virtuell können.

Sela!

Die Süße des Genusses der Wahrheit

Im wirklichen Verstehen wird der Augenblick akzeptiert mit allem was er bietet, deshalb wird der jnani (derjenige, der in der Wahrheit verankert ist) als mahabhokta, der höchste Genießer, bezeichnet.

Der Mensch – ein Genießer, das war auch die Message meines ersten Gurus Witness Lee[33], der im Übrigen einige wenige Lehr-Parallelen zu meinem letzten – Ramesh Balsekar – aufwies.

Schau dich um und untersuche aus welchem Grund Menschen arbeiten, schuften, ja leiden. Das Ziel ist nie die Arbeit und natürlich auch nie das Leiden. Immer und in allem gehts nur um Genuss. Untersuche meine Behauptung auf ihren Wahrheitsgehalt. Glaub mir kein Wort! Stell dir dazu folgende Fragen:

- Warum eigentlich sollte Arbeit nicht allein die Existenz sichern, sondern auch Spaß machen?

- Warum arbeiten wir so überaus effizient, wenn die Arbeit uns Spaß macht?

- Warum will der Mensch weniger Zeit mit Arbeit als in „Freizeit" verbringen? (Außer Arbeit ist gleichzeitig seine liebste Beschäftigung, also einer Art der Freizeitbeschäftigung)

- Warum strebt der Mensch nach der Gründung einer Familie?

- Warum lehnt ein anderer sie ab, um als Single zu leben?

- Wozu gehen Leute in Urlaub? Warum freuen sich manche das gesamte Jahr über auf diese paar Wochen am Strand oder in den Bergen?

---

[33] „I am not the doer. I am a enjoyer! "Witness Lee, Live-Study of Genesis, Messages 56-57)

- Warum spielen Kinder so gern? Warum hassen sie Plichten wie Schule und Zimmeraufräumen?

- Warum vergessen sich Kinder während sie spielen und ihre Miene hellt sich dabei selbst dann auf, wenn sie im sich herum wie in Syrien tagtäglich die Grausamkeit des Krieges erleben müssen?

- Warum gibt es weltweit eine gigantische Sexindustrie?[34]

- Warum lieben die Menschen Sex – Männlein wie Weiblein?

- Wieso essen und trinken wir nicht nur um zu überleben, sondern vor allem, weil es uns schmeckt?

- Warum strebt mensch nach persönlichem Glück?

- Warum strebt mensch nach Wohlstand?

- Warum strebt mensch nach spiritueller Erleuchtung?

Es ist nicht sonderlich schwer auf diese Fragen eine Antwort zu finden:

Mensch möchte das Leben genießen.
Und daher versucht er gleichzeitig all das zu vermeiden,
was den Genuss verhindert.

Demnach ist der Mensch tatsächlich ein Genießer. Leben – auch das anderer Tiere - ist auf Genuss angelegt! Oder kommst du zu einem anderen Ergebnis?

Wenn dem aber so wäre, wieso gelingt es dann vielen, wenn nicht gar den meisten Menschen relativ selten, ihr Leben zu genießen? Warum sind es meistens nur kurze Zeiträume, die sie als genussreich erleben?

---

[34] Rund 70 Milliarden Euro werden weltweit pro Jahr für pornografisches Material ausgegeben, 41 Milliarden Euro geben vor allem ältere Männer jährlich für potenzsteigernde Mittelchen aus, 380 Kondome werden PRO SEKUNDE benutzt – 12 Milliarden insgesamt pro Jahr.

Die Antwort ist relativ simpel: Ihr Genuss hängt von Bedingungen ab. *Wenn, dann* ist dabei die Devise. *Wenn* endlich mein Urlaub beginnt, ach wie schön wird *dann* das Leben sein! *Wenn* ich endlich eine Arbeit habe, die mich erfüllt, *dann* werde ich das Leben genießen! *Wenn* wir erst mal Kinder haben, dann lieber Ottokar, *dann* erst werden wir so richtig glücklich sein! Dann ist es endlich soweit und das erste Kind auf der Welt. Und Papa und Mama erleben viele schlaflose Nächte... Welch ein Genuss!

Natürlich genießen wir unsere Kinder, auch wenn sie manchmal Quälgeister sind. Genießen den Urlaub. Genießen alles vorhin Aufgezählte. Wenn der Genuss jedoch von Bedingungen abhängig ist, wird er sich nicht allzu oft einstellen können!

Im wirklichen Verstehen wird der Augenblick akzeptiert mit allem was er bietet! Die jeweilige Situation spielt dann nicht mehr die entscheidende Rolle!

Ich freu mich auf den Megaevent auf Teneriffa, der schon in etwa 3 Wochen[35] beginnt! Mein Genuss hängt jedoch nicht von einer schönen Umgebung ab. Ich bin hier in Brackenheim genauso gern wie auf Teneriffa. Jedoch nicht allein deshalb, weil die Gegend hier ebenfalls außerordentlich schön ist.

Wie jeder andere Mensch habe ich Lieblingsgerichte. Doch mein Genuss hängt nicht davon ab, dass sie serviert werden. Klar schreib ich lieber als mein Atelier aufzuräumen. Klar habe ich in aller Regel lieber Sonne als Regen. Doch mein Genuss hängt weder von Lieblingsgerichten noch von der Art meiner jeweiligen Beschäftigung oder dem Wetter ab.

Ich bin in der Wahrheit verankert und das ist der beste oder höchste Genuss, weil er relativ unabhängig macht von dem was und auch wie was passiert. Wenn in deiner Wahrnehmung alles was ist Schicksal ist,

---

[35] Zu der Zeit als der Text geschrieben wurde

wenns keinen Täter gibt, sondern nur Taten, dann spielen die äußeren Umstände und inneren Zustände eine untergeordnete Rolle.

Ups, das ist ja auch ne Bedingung, magst du argumentieren! Da ist ja auch ein *Wenn, dann*! Stimmt. Wir leben schließlich in einer Welt der Bedingungen, so dass Bedingungslosigkeit nur ein Wort ist. Doch die genannte Bedingung ersetzt jede andere. Weil dann nur der Augenblick zählt. Also das, was gerade passiert. Gleichgültig wo du bist, was du machst, was im Inneren oder Äußeren erscheint.

Kürzlich kommt jemand zu Besuch und fragt mich: Bedrückt dich etwas? Nein, antworte ich, seh ich denn so aus? Ja, sagt die Person, du wirkst traurig. Ich war aber nicht traurig, doch in der Wahrnehmung dieser Person ist offenbar ein Gesicht, das nicht vor Freude strahlt, der Beweis dafür, dass der Mensch, zu dem es gehört, traurig ist.

Ich mach mir nie Gedanken darüber wie es mir geht. Wirklich niemals. Was gerade da ist, ist in meiner Wahrnehmung genau das, was da zu sein hat. Das ist zweifelsfrei Wirklichkeit und bist du in ihr verankert, ist das höchster Genuss. Und dabei muss er sich nicht einmal so anfühlen!

Ja aber ist denn Genuss kein Gefühl? Magst du fragen. Nicht zwingend, antworte ich. Denn Gefühle kommen und gehen. Der Genuss der Wahrheit jedoch ist beständig. Und daher unabhängig von Gefühlen. Wäre er abhängig von Gefühlen, wäre er so unbeständig wie das Wetter.

Wahrer Genuss oder der Genuss der Wahrheit ist jenseits von Stimmungslagen. Er ist sogar dann vorhanden, wenn Traurigkeit oder Schmerz erlebt wird. Die Süße des Genusses der Wahrheit wird selbst während des Weinens empfunden, wobei das Wort Empfindung in diesem Kontext nicht auf eine Emotion, sondern auf etwas Anderes jenseits von Emotionen verweist, für das es kein geeignetes Wort gibt. Im besten Fall mag man sagen: Es ist ein Geschmack, der jedoch nichts mit der Zunge oder dem Gaumen zu tun hat.

Fühlst du dich denn nicht wohler beim Schreiben als während des Aufräumens? Schreiben geht mir leichter von der Hand, würde ich auf diese Frage antworten. Ich mache es lieber als Aufräumen. Weil aber mein Genuss nicht von meiner Tätigkeit abhängt, bleibt er stabil im alltäglichen Leben.

Sela!

Drei Sätze erklären die Welt

Außer dem reinen Bewusstsein existiert nichts Unabhängiges – weder die Sinne und der Verstand, noch ihre Objekte. Bewusstsein allein erscheint ALS die Sinne in einem Individuum und ALS die verschiedenen Objekte außerhalb. ALS Denken interpretiert es die äußeren Objekte als angenehm unangenehm.

Das sind 1-Million-Dollar-Sätze! Im Grunde unbezahlbar. Nicht aufzuwiegen mit Geld oder Gold. Wenn du mich fragen würdest: „Woher kommt deine innere Stabilität? Was ist der Grund?" würde ich auf sie verweisen.

Drei Sätze erklären alles! Die Welt, deine Person, deine Vorlieben, deine Abneigungen, die sinnliche Wahrnehmung, was in dir vorgeht und um dich herum. Wenn du wirklich verstehst, was das heißt: *Außer dem reinen Bewusstsein existiert nichts Unabhängiges*, bist du durch, deine Suche endet und dein Leben wird zum Tanz. Nicht nur, dass du nicht mehr suchen MUSST, du KANNST nicht mehr suchen. Außer nach deiner verloren gegangenen Brille vielleicht... Schau aber zuvor, ob sie dir nicht auf der Nase sitzt...

Wenn de facto nichts existiert als reines Bewusstsein, dann träfe das auch zu für ein wie auch immer geartetes Chaos, dass du gerade erlebst! Oder anders formuliert: Nichts existierte, worauf es NICHT zuträfe!

Dann kannst du nicht mehr einwenden: *Mag schon sein, ABER ich erkenne das nicht!* Das heißt: Du kannst es schon sagen, aber wenn du es sagen würdest, geschähe es nicht unabhängig vom reinen Bewusstsein! Es wäre sogar reines Bewusstsein ALS dieser Satz!

Ich begreif das ja, ABER ich spürs nicht! Ah ja! Und? Was genau ist dein Problem? Auch dein Nichtspüren ist schließlich nicht unabhängig vom reinen Bewusstsein!

Ich bin noch nicht durch! Schau an! Wirklich! Du meine Güte! Das ist ja schrecklich! Vergib mir bitte meine Ironie. Ist nicht böse gemeint! Aber selbst wenn es böse gemeint wäre, wäre das Bösesein nicht unabhängig vom reinen Bewusstsein. Du und ich, wir können einfach nichts anderes sein als reines Bewusstsein! Nie. In keiner Situation. Keiner Stimmung! Keinem Schmerz! Keinem Zorn! Keiner Freude. Keinem Glück. Keinem Erfolg. Keinem Misserfolg. Keinem Tun. Keinem Unterlassen!

Vergiss die Theorien über Erleuchtung! Was passiert, wies passiert, wie man anschließend drauf ist. Das alles ist Bewusstsein ALS Erleuchtungskäse! Bewusstsein, das sich ALS Käse zeigt. Stinkender als Ollmützer Käse!

Jedoch selbst dieser Käse ist nicht unabhängig von Bewusstsein. Es ist vielmehr Bewusstsein in seiner genialen Fähigkeit sich ALS Käse zu manifestieren. Und das ist ja das Schöne an diesem Erkennen: Dass du dich fortan nicht mehr davor hüten musst zu bewerten.

Oh nein, wahre Erleuchtete bewerten doch nicht!

Im Gegenteil: Wenn nicht sie, wer denn dann?

Wenn alles Bewusstsein ist, nichts ausgenommen, dann muss es auch für die Bewertungen bzw. Interpretationen gelten! Aber in der Wahrnehmung ist das dann nur noch ein Label, ein Etikett. Sonst kannst du ja gar nicht leben in einer Welt voller unterschiedlicher Objekte. Wo kämen wir denn hin, wenn wir nicht unter Tomaten, Gurken, Artischocken und Blumenkohl unterscheiden würden? Obgleich alles Gemüse ist. Gemüse ist sozusagen der Oberbegriff. So wie es unterschiedliche Sorten Fleisch gibt und natürlich auch unterschiedliche Sorten Fisch, Pasta oder Kaffee.

Fisch, Fleisch, Gemüse, Obst, Kaffee, Pasta, alles Oberbegriffe, auf die man noch einen oben draufsetzen kann: Lebensmittel. Nichtwahr? Und was ist der Ober-Begriff von Lebensmitteln? Bingo, Bewusstsein natürlich! Reines Bewusstsein.

Bewusstsein erscheint als... Und dahinter kannst du alles setzen. Jedes Objekt. Ob materiell, ideell oder spirituell. Es existiert schlicht nichts Anderes. Ob du es anfassen, nur fühlen oder nur denken kannst. Alles Bewusstsein als dies oder das!

Wir könnten freilich ebenso sagen: Nichts, das als Alles erscheint! (Wäre übrigens auch ein passender Titel für dieses Buch gewesen) Da dieses Nichts jedoch als Alles-was-ist (jedes Objekt) wahrgenommen wird, ist Bewusstsein, zumindest in diesem Kontext, der verständlichere Begriff.

Bewusstsein ist die Essenz. Die Grundsubstanz oder Nichtsubstanz all dessen, was als Objekt erscheint. Also natürlich auch du. Du als Mensch, du mit deinen sogenannten Stärken und Schwächen. Du mit deinen Gedanken, deinen Gefühlen, deinen Sinnen.

> Nichts ist nicht Bewusstsein

Ist das klar, ist es dir relativ wurscht, wo du dich gerade befindest. Sowohl innerlich als auch äußerlich. Du musst nicht mehr in Koh Samui am Beach liegen und eine Massage genießen. Freilich ist es angenehmer als beispielsweise zuhause den Rasen zu mähen oder die Hecke zu schneiden. Und klar, ALS Denken interpretiert Bewusstsein die Ereignisse weiterhin als angenehm und unangenehm.

Wie bitte? Bewusstsein interpretiert? Sicher! Weil unabhängig von Bewusstsein nichts existiert!

> Bewusstsein **allein** erscheint ALS die Sinne in einem Individuum
> und ALS die verschiedenen Objekte außerhalb

Bewusstsein ALS... Setz nun ein was dir in den Sinn kommt! Du kannst kein falsches Wort wählen. Denn jedes Wort ist Bewusstsein. Jedes Gefühl ist Bewusstsein. Jedes Ereignis ist Bewusstsein. Jedes Ding ist Bewusstsein. Dies klar zu sehen nennt man stabiles nonduales Bewusstsein.

Und wenn man es nicht sieht? Oder nur ab und zu?

Dann ist das Bewusstsein, das sich selbst vergisst und dann wieder an sich selbst erinnert. Was sonst? Es ist in jedem Fall immer Bewusstsein. Denn außer Bewusstsein existiert einfach nichts!

Ach könnte ich doch meinen Chef ALS Bewusstsein erkennen, wenn er mich rund macht! Dann würde ich mich anschließend nicht so beschissen fühlen!

Nicht zwingend! Beschissene Gefühle destabilisieren dich dann aber nicht mehr! Du bist nun im wahrsten Sinne des Wortes „KERN"GESUND! Denn du befindest dich im Kern, bzw. im Zentrum der Wahrheit.

Sela!

Gar nichts tun und alles erreichen

Mit dem Erscheinen des Ich-bin-Seins nennt man das Bewusstsein EGO (ahamkara), mit dem Erscheinen von Gedanken nennt man es GEIST (manas), mit dem Erscheinen von Kenntnis nennt man es INTEL-LIGENZ (buddhi). Insgesamt gibt es nichts außer Bewusstsein in seinen variierenden Aspekten - als Körper, Sinne, Ego, Gedanken, als Intellekt und als all die äußeren Objekte.

Man nennt Bewusstsein auch Amsel, Kreditkarte, I-Phone, Putsch, Laster, Foxtrott, Bahnhof, Kompensation, Schlaganfall, Tohuwabohu, Menschenhandel, Jubiläum, Hochzeit, Portfolio, Schabernack, Twitter, Krach, Lotus, Terpentin, Parfüm, Aquarell, Indianer, Tokio, Angorakatze, Schulden, Insolvenz, Aktie, Gewinn, Verlust, Erdmännchen, Toskana, Ärger, Fluch, Segen, Segeln, Wahnsinn, Trompete, Mirabelle, Tobsucht, Fuck, Schönheit, Tobias, Elke, Auf Wiedersehen, Grüß Gott.

Und du ahnst schon, dass wir nicht nur eines, sondern mehrere Bücher, womöglich eine Bibliothek bräuchten, um jedes Wort, mit dem wir Bewusstsein bezeichnen, zu notieren. Ohne geht's nicht! Ohne wüsste keiner, was der Andere meint.

Gibst du mir bitte mal Bewusstsein rüber?

Bitte was?

Steht doch direkt vor dir!

Was genau meinst du? Dieses oder jenes Bewusstsein?

Wobei er oder sie zunächst auf ein Marmeladeglas und dann auf die Butter weist!

Kommunikation mit nur **einer** Bezeichnung würde zu Missverständnissen führen und wäre letztlich unmöglich. Leben wäre unmöglich. Jedenfalls so wie wirs kennen.

- Hör doch mal, wie großartig Bewusstsein heute Morgen singt!
- Stimmt! Nur Bewusstsein stört dabei wirklich tierisch.

So würde es sich, hätten wir nur eine Bezeichnung, anhören, wenn einer auf den Gesang der Amsel und ein anderer auf den Bohrhammer verweist, der den Gesang der Amsel unterminiert.

Wobei nicht unterschlagen werden kann, dass selbst das Wort Bewusstsein eine Bezeichnung darstellt. Für etwas Unsagbares, das man freilich auch Gott nennen kann, wenn damit keine Assoziation an den „lieben Gott" der Religionen ausgelöst wird. Obgleich selbst der idiotische Gott der Religionen nichts anderes ist als... tja, was denn nun? Bewusstsein? Unsagbares? Auf welchen Begriff wollen wir uns einigen?

In diesem Kontext wird wohl Bewusstsein das geeignetste Wort sein. Bewusstsein ist deshalb ein brauchbarer Begriff, weil er genau das bezeichnet, was wir erleben. Ständig, andauernd, außer im Tiefschlaf. Dinge erscheinen. Formen und Farben. Und natürlich Bewegung. Ohne Bewusstsein – unmöglich!

Ob im nächtlichen oder im Wachtraum, das entscheidende Kennzeichen eines Zustands, in dem wir uns lebendig fühlen, ist, dass etwas erscheint! Oder anders: Dass etwas bewusst ist. Etwas, das zuvor nicht bewusst war. Wir wissen nicht, ob es da war, bevor es bewusst war. Wir wissen aber, dass nur dann etwas wahrnehmbar ist, wenn es bewusst ist. Wird es nicht bewusst, ist in jedem Fall nichts in der Wahrnehmung da.

Dem Wort Sein fehlt eigentlich etwas. Denn Sein als solches gibt es ja nicht, ohne dass es bewusst ist! Sein, das nicht bewusst ist, ist, was das Erleben betrifft, nichts. Stimmts? Daher schlag ich vor bei dem Wort Bewusstsein zu bleiben.

Außer du bleibst an ihm hängen und machst Bewusstsein zu deinem „neuen" Gott! Er heißt dann eben nicht mehr Jehova oder Allah oder Manitu oder Krishna, sondern Bewusstsein. So macht das der Mind.

Das kann er sehr gut. Darin ist er außerordentlich begabt. Objekte kreieren, darin ist er ein wahrer Meister. Dafür müsste er den Nobelpreis erhalten.

Bewusstsein kann daher nur eine von vielen möglichen Bezeichnungen für das Unsagbare, besser noch DAS sein. Weil das dem Durchblick(er) bewusst ist, hat er es auch Leere, Leerheit oder Nichts genannt. Das Problem bei diesen Begriffen ist allerdings wiederum die Assoziation, die mit ihnen einhergeht.

Was fühlst du, wenn du Leere oder Nichts hörst? Im Normalfall wirst du ein wenig depressiv. Stimmts? Dabei sollen die beiden Begriffe lediglich auf einen potentiellen Zustand verweisen. Das „Sein" ist schon vorhanden, nur nicht „bewusst"! Daher eignet sich der Begriff Bewusstsein so trefflich. Vorausgesetzt man macht ihn nicht zu einem Objekt.

Der Alltag bleibt der gleiche wie vor dem Durchblick. Nonduales Bewusstsein hat nichts zu tun mit Magie. Uri Geller mag Löffel verbiegen können. Doch ob sich der Löffel verbiegt oder nicht, ist beides Bewusstsein in zwei seiner variierenden Aspekte.

Und doch tut sich was mit dem Durchblick. Alles hat denselben Geschmack. Sozusagen. Die Unterschiede werden zwar nicht aufgehoben, sie sind jedoch weit weniger dominant als zuvor. Sie können die Wirklichkeit nicht mehr so krass überdecken! Nicht mehr verschleiern, manchmal bis zur Unkenntlichkeit. Sodass mensch nur noch sieht was vor Augen bzw. augenfällig ist.

Durch-Blick bedeutet genau das, was das Wort sagt. Wie ein Wissenschaftler, der die atomare Ebene der Materie erkennt, erkennst du in allen Formen und Farben und jeder Bewegung nur eins und das ist Bewusstsein.

Daher hörst du auf mit dem Wahnsinn die Dinge verändern zu wollen. Dich verändern zu wollen. Den Anderen verändern zu wollen. Das

Ego, die Sinne, die Welt der Gedanken, all dies ist nichts als Bewusstsein in seiner Variationsfähigkeit.

Wie komm ich dazu Gott ins Handwerk zu pfuschen?!

Kürzlich rief mich eine langjährige Leserin meiner Abotexte an. Sie tat das noch nie zuvor, sie war jedoch so verzweifelt, dass sie sich keinen anderen Rat wusste. Es ging um ihre beiden Söhne, die sich seit einiger Zeit häufig stritten, was sie früher nie taten. Sie wollte zwischen ihnen vermitteln, doch dies misslang. Lass deine Hände raus, riet ich ihr. Ich verstehe, dass es dir schwerfällt, denn sie haben sich ja bisher so gut verstanden und du möchtest natürlich, dass es so bleibt. Je mehr du aber versuchst zu vermitteln, desto weniger wirst du ihnen helfen! Das müssen sie unter sich ausmachen.

Gar nichts tun und alles erreichen ist nicht nur ein attraktiver Buchtitel. Es ist vielmehr das Ergebnis klaren Sehens. Es gibt nichts außer Bewusstsein. Das trifft natürlich auch auf die beiden Streithähne zu. Was hat das mit dir als Mutter zu tun? Außer dass du es hörst! Außer dass es dir auf den Geist geht! Geh aus dem Haus, kümmere dich um den Garten! Oder aber hör ihnen zu und sieh nicht nur die beiden streitenden Söhne, sondern... Bewusstsein im Konflikt mit sich selbst.

Das klingt sauschwer, magst du sagen. Es klingt nicht nur sauschwer, es ist völlig unmöglich! Das kriegst du nicht hin! Kannst dich mit dem *Kurs in Wundern* im Durchblicken üben solange du magst. No Chance. Doch es passiert. Immer wieder passierts. Manchmal bevor und manchmal nachdem du wieder einmal dem Wahnsinn verfielst, deinen speziellen Erlebniskosmos grundlegend verändern zu wollen! Wenn es aber passiert ist, kann dich nichts mehr erschüttern. Tief drinnen. Äußerlich schon. Obgleich sich Im Außen - grundsätzlich betrachtet – auch nichts verändert.

Sela!

Entspannung im Alltag

Je mehr man Veränderungen selbst herbeiführen möchte, desto mehr läuft man eigentlich weg von dem was ist, und desto mehr denkt das Ich an all das, was nach seinem Gefühl fehlt! Erst wenn sich Geist und Herz der bestehenden Lage ohne Furcht und Hoffnung ergeben und sie bedingungslos annehmen, können das Verstehen und die Transformation geschehen.

Liest das der illusionäre Täter, wird er sogleich eine Methode erkennen. *Okay, ich verstehe! Wenn ich mich ergebe, ohne Furcht und Hoffnung ergebe, dann erfolgt Transformation! Somit ergebe ich mich! Ich will von jetzt an nicht mehr hoffen und fürchte mich nicht mehr!*

Jedoch ist seine ganze Aufmerksamkeit auf Transformation ausgerichtet! Und wenn sie nach einer Woche, oder, wenn er geduldiger gestrickt ist, nach einem Monat nicht erfolgt ist, wendet er sich wieder den Methoden der Realitätsgestaltung zu oder reist zu jenem Guru in Indien, der Schwingungserhöhung in seiner göttlichen Präsenz verspricht, damit all jene Wunder, die mensch erwartet, eintreffen können!

So läuft das aber nicht. So läuft das ganz und gar nicht!

Wenn du die Worte von Ramesh als Methode benutzt, um transformiert zu werden, kannst du bei denen der Realitätsgestalter bleiben. Beide sind ebenso nutzlos.

Wenn Geist und Herz sich ergeben, hat mit dir nicht das Geringste zu tun. Du kannst das nicht und wirst es nie können. Keiner kann sich seinem Schicksal ergeben! Nicht einmal der Fatalist.

Das Ergeben von Geist und Herz ist ein Ergebnis

Sobald klar erkannt wird, dass keiner drin sitzt im Körpergehäuse, der es gleich einem Fahrzeug steuert und lenkt, lösen sich die Hände vom Lenkrad. Vollautomatisch.

Sitzt du in einem selbstfahrenden PKW, auch Roboterauto genannt, wirst du während eines Staus höchstwahrscheinlich gemütlich die Zeitung lesen, anstatt dich auf Stopp-and-Go zu konzentrieren. Du weißt ja aus Erfahrung wie nervig das sein kann. Vor allem aber unnötig. Das autonome Auto braucht deine Aufmerksamkeit nicht, nicht einmal deine Hand am Lenkrad und deinen Fuß am Gas- oder Bremspedal. „So" ergeben sich Geist und Herz! Ohne Hingaberitual. Ohne demutsvollem Opfergehabe. Ohne vor den nackten Lotusfüßen eines Gurus niederzuknien und dieselben ehrfurchtsvoll zu küssen! Nur durch Verstehen!

Was ist, ist und kann nicht anders sein als so wie es ist
Die Reise durch die Zeit geht freilich weiter.
Stillstand kann es nicht geben
Nur, dass das vollautomatische Fahrzeug ohne dich fährt
(Und schon immer fuhr, allerdings ohne dass es dir bewusst war)

Von der Stunde an, als das Steuer in meiner Erfahrung losgelassen wurde (anders als unpersönlich kann ich es nicht formulieren) änderte sich mein gesamter Lebensvollzug. Zwar nicht von heute auf morgen, in jedem Fall aber drastisch. Allerdings auf eine Weise, wie ich es niemals erwartet hatte oder hätte voraussehen können. Kein Stein meines Lebensgebäudes blieb auf dem anderen!

4. Die meisten Menschen von damals befinden sich nicht mehr in meinem Erlebniskosmos.

5. Meine Tätigkeit ist eine vollkommen andere.

6. Selbst die Umgebung, in welcher ich lebe, hat sich radikal verändert.

7. Auch mein innerer Zustand ist ein vollständig anderer.

Nun magst du einwenden: Schließlich ist nichts beständiger als der Wandel. Auch Menschen, die die Täterillusion nicht verloren, können dramatische Veränderungen erleben.

Zweifelsfrei. In meinem Fall jedoch sind die Veränderungen nachweislich vor allem ein Ergebnis des Wegfalls der Täterillusion. Geist und Herz hatten sich daraufhin dem ergeben was ist. Und sind seitdem nicht mehr auf grundlegende Veränderung aus.

Geschieht dies, beginnt eine Art der Veränderung, die ohne Desillusionierung nicht stattfinden kann. Die qualitativen Veränderungen werden durch bloßes Betrachten aller Gedanken, Gefühle und Wünsche, die sich regen, bewirkt. Auch das ist keine Methode, wie man sie beispielsweise im NLP durch Einnehmen der sogenannten Meta-Position[36], lernt. Es ist vielmehr das Ergebnis klaren Sehens, dass keiner da ist und auch noch niemals einer da war, der denkt, entscheidet und handelt.

Der Vergleich mit einem Roboterauto hinkt zwar ein wenig, ist jedoch insofern als Metapher geeignet, als man die Bewegungen des Lenkrads beobachtet, anstatt selber zu lenken. Man sieht wie es sich nach links bewegt und nach rechts, man nimmt wahr, wie das Auto langsamer fährt und dann wieder an Fahrt aufnimmt.

So ist das, wenn nicht mehr gedacht werden kann: Ich denke, ich entscheide, ich handle. Die Bewegung der Impulse und Gedanken, die zu Entscheidungen und Handlungen führen, werden wahrgenommen, und der Eindruck, dies alles selbst zu initiieren oder gar selbst initiieren zu müssen, ist nicht mehr vorhanden. Dass mensch in diesem Modus wesentlich entspannter lebt, bedarf wohl keiner langatmigen Erklärung. Einer kurzen vermag ich jedoch nicht zu widerstehen.

---

[36] Die Meta-Position ist die unbeteiligte Wahrnehmung aus einer größeren Entfernung. Es ist eine dissoziierte Position. Aus der Meta-Position kann sich eine Person selbst oder sein Verhältnis zu anderen Beteiligten in einer spezifischen Situation beobachten.

Gerade als ich diesen Text schrieb, kam mein Hund ins Zimmer und fiepte. Ein Zeichen, dass er seinen allmorgendlichen Spaziergang erwartet. Der Gedanke „Ich muss mit ihm raus!" erschien. Der nächste war: „Er muss warten, bis ich den Text fertiggestellt und ins Netz gestellt habe!" Dann kam noch einer nach: „Du könntest jetzt mit ihm spazieren gehen und den Text anschließend beenden!" Und ein weiterer ließ nicht lange auf sich warten: „Du bist gerade im Flow, also beende erst mal den Text, der Hund wird deshalb nicht sterben!" Dazu wurde sich schließlich entschieden, ohne dass ich ein schlechtes Gewissen gehabt hätte, weil der Hund auf seinen berechtigten Wunsch Gassi zu gehen, ein wenig warten musste.

Dieses Beispiel ist freilich nicht spektakulär, genau aus diesem Grund wählte ich es. Denn die meisten Gedanken und Entscheidungen im alltäglichen Leben sind nicht spektakulär, sondern ziemlich gewöhnlich. Solange du jedoch denkst, dass du denkst, können selbst solche gewöhnlichen Situationen innere Konflikte generieren, die Stress erzeugen: Habe ich richtig entschieden? Ist das Bedürfnis des Hundes nicht viel wichtiger als mein Flow beim Schreiben? Womöglich hast du sogar ein schlechtes Gewissen deswegen.

Wenn aber klar ist, dass Gedanken ebenso wie Sonne und Regen „erscheinen", werden sie nur wahrgenommen. Und das Ergebnis derselben hat mit dir nur insofern zu tun, als es in deiner Wahrnehmung erscheint. Das ist der Grund fürs Entspanntsein. Egal was sich denkt! Egal was sich entscheidet. Egal was passiert!

Sela!

Wenn du im alltäglichen Einerlei der Quelle begegnest

Die physische Manifestation ist von der Quelle gekommen.

Aufwachen am Morgen, mit oder ohne das Ringen des Weckers. Das Empfinden weiterzuschlafen. Was aber nicht geht. Die Pflicht ruft! Also raus aus den Federn. Ab auf die Toilette. Dann duschen, abtrocknen, Bodylotion, Zähneputzen, kämmen, ankleiden. Dann Kaffee machen. Oder Tee. Müsli essen, Brot, Omelette oder ein Brötchen. Ein Blick auf die Uhr. Die Info „Wird Zeit abzudüsen" kommt rein. Per PKW, Bus, Zug oder zu Fuß, und wenn du Glück hast, ist nur das Heimbüro zu betreten. Eintritt ins Büro, die Werkhalle, den Wald (wenn du Förster sein solltest), die Wiese, der Acker, der Weinberg, der Stall, (wenn du Landwirt sein solltest), die Begegnung mit dem Kunden, (wenn du im Einzelhandel oder im Außendienst bist).

Dann bist du involviert in deinen Job. Mehr oder minder. Je nachdem wie sehr er deine Aufmerksamkeit beansprucht oder wie aufwändig er ist. Ein paar Stunden später folgt das Mittagessen. Was und wo du auch immer isst. Kantine, Restaurant, Imbiss, Bürotisch, auf der Parkbank, im Auto. Anschließend oder währenddessen die Zeitung lesen womöglich. Oder in Facebook rumsurfen. Oder ein kurzer Spaziergang. Ein Gespräch mit Kollegen. Dann wieder Schaffe, schaffe, Heisle baue!

Was nach Feierabend folgt, hängt ganz von deinem Typ und deiner Lebenssituation ab. Die einen verbringen ihn zuhause, andere besuchen das Fitnessstudio, bevor sie relaxen. Im Garten, auf der Couch, im Lehnsessel. Lesen, fernsehen, Musik hören, meditieren, mit den Kindern spielen, sofern welche da sind, mit dem Partner den Tag reflektieren, streiten, kuscheln, vögeln. Manche kümmern sich um die pflegebedürftige Mutter oder den Vater. Singles essen womöglich allein im Restaurant oder treffen sich zur After-Work-Party. Spirituell

Interessierte besuchen nen Satsang vor Ort oder zuhause auf Jetzt-TV. Selbständige arbeiten womöglich solange, dass sie überhaupt keine Freizeit mehr haben und müde ins Bett sinken, wenn sie zuhause ankommen.

Klar, wir beschreiben hier Werktage, nicht die Gestaltung des Wochenendes. Aber so oder ähnlich läufts doch im Alltag. Außer du bist finanziell unabhängig. Täglich 2-oder 3-mal essen wirst du trotzdem. Irgendwas tun sicherlich auch. Und wenn es das ist, was man Müßiggang nennt. Oder in der Welt herumreisen. Doch selbst das wird irgendwann zur Gewohnheit.

> Die alles entscheidende Frage ist deshalb nicht,
> was du machst, wie du lebst,
> sondern wie du das tägliche Einerlei erlebst.

Die höchste Wahrheit ist so überwältigend einfach, dass sie in vier Worten zum Ausdruck gebracht werden kann. Und jedes Kind würde sie verstehen: Alles ist die Quelle! Oder: Nichts ist nicht Quelle.

Verkürzt auf zwei Worte hieße dies:

Alles Quelle!

Die physische Manifestation ist von der Quelle gekommen. So kann man das freilich formulieren, insbesondere dann, wenn man zu Newcomern spricht, die Advaita noch nicht kennen. Das Sanskritwort Advaita bedeutet Nicht-Zwei und zeigt an, dass alle Polaritäten, alle Gegensätze, einer Quelle entspringen. Und somit Quelle in ihrem sichtbaren Ausdruck verkörpern.

Das klingt nur solange philosophisch und theoretisch, solange es in deiner Wahrnehmung nur eine Idee oder ein Konzept ist. Als solche hat sie/es kaum Auswirkung auf dein alltägliches Leben, das von Gegensätzen geprägt ist. Und von Gegensätzen geprägt sein muss, weil ohne Kontraste das Welterleben schlicht unmöglich wäre. Ein Paradies ohne Hölle kann es nicht geben. Das wussten sogar die Schreiberlinge der Bibel, wenn sie das Jenseits skizzierten, weshalb sie den Himmel für die Gläubigen und die Hölle für die Ungläubigen erfanden.

Noch einmal, weils so wichtig ist: Ohne Dualität ist Leben nicht denkbar, viel weniger noch (er)lebbar. Wirst du jedoch auf die Suche nach der letzten Wahrheit geschickt - denn aussuchen kann und wird sich das niemand - landest du irgendwann bei Advaita, ZEN oder Dao, weil diese Lehren auf die letzte oder höchste Wahrheit verweisen.

Advaita, ZEN oder Dao sind weder Religionen noch Philosophien. Obgleich sie dazu gemacht worden sind, sind sie einzig Finger, die auf den Mond weisen. Solange der Finger im Fokus der Wahrnehmung ist, sind es Philosophien, die manchmal sogar im religiösen Gewand daherkommen. Wird jedoch auf das gesehen, worauf sie verweisen, ist es die Wirklichkeit schlechthin.

Was auch immer erscheint ist dann in deiner Wahrnehmung Quelle. Und nichts ist nicht Quelle. Was auch erscheint. Wie es auch erscheint.

Quelle ist und bleibt unsichtbar. Nicht wahrnehmbar. Worin sie sichtbar bzw. manifest wird, ist das, was du täglich erlebst und was dich ständig umgibt. Genau das ist die Quelle! Genau das und wenn es ein Mülleimer oder ein Kieselstein ist. Dein ignoranter Nachbar ebenso wie dein bester Freund. Ein Selbstmordattentäter ebenso wie ein Altenpfleger. Der korrupte Manager, der in die eigene Tasche wirtschaftet ebenso wie der loyale Firmenchef, der lieber pleitegeht, als seine Mitarbeiter und Kunden zu übervorteilen. Regen wie Sonne, Gewinn wie Verlust, Freude wie Schmerz, Unlust wie Lust, Anspannung wie Entspannung, Angst wie Mut, Kraftlosigkeit wie Dynamik, Bosheit wie Güte – alles Quelle.

Nichts ist nicht Quelle

Lass mich dich noch einmal, selbst wenn es dir schon zum Hals heraushängen sollte, daran erinnern, dass es Gegensätze nur aus einem einzigen Grund gibt: Weil ohne dieselben die Wahrnehmung von Formen, Farben und Bewegung gänzlich unmöglich wäre. Quelle kann nur mit Gegensätzen manifest werden. Aus diesem und keinem anderen Grund gibt es sie.

> Das Dunkle, das Böse, das Chaos dienen lediglich als Kontrast zum Licht, zum Guten, zur Ordnung.
> In ihrer Essenz ist und bleibt Quelle stets Licht und Liebe.
> Das Gegenteil dessen hat lediglich die Funktion des Kontrasts.

Und wird das erkannt, begegnet dir in allem nur eines und das ist natürlicherweise die Quelle. Das allein ist der Grund dafür, dass dein innerer Friede, deine innere Stabilität nicht mehr auf bessere äußere Umstände oder großartige emotionale Zustände angewiesen ist, wobei du freilich angenehme Umstände und Zustände mehr schätzt als unangenehme. Weil die unangenehmen jedoch in deiner Wahrnehmung auch Quelle sind, lässt du dich auf sie ein, anstatt sie zu unterdrücken, vor ihnen wegzulaufen oder sie zu bekämpfen. Und mit einer gewissen Erfahrung im Akzeptieren derselben wird das deinem KörperGeistSystem auch nicht mehr schwerfallen. Und so wie Finsternis sich durch Lichteinstrahlung auflöst, löst sie sich auch in deinem Inneren auf, wenn sie als Quelle aller Erscheinungsformen realisiert wird.

Dualistische Konzepte empfehlen dir den Wechsel oder den (Quanten)Sprung von der Finsternis ins Licht. Finsternis ist jedoch essentiell nichts Anderes als Licht. *Denn auch Finsternis ist nicht finster bei dir, und die Nacht leuchtet wie der Tag, Finsternis ist wie das Licht,* sagt der Psalmist[37].

Im nondualen Bewusstsein kommt dir nicht etwa die Fähigkeit zur Unterscheidung zwischen Licht und Finsternis abhanden, die Gegensätze erscheinen jedoch nicht mehr voneinander getrennt. Als wäre eine Distanz oder eine Kluft zu überwinden, um von der Finsternis ins Licht gelangen zu müssen.

---

[37] Psalm 139:12

In der Lebenspraxis unterscheidest du freilich weiterhin zwischen angenehmen und unangenehmen Zeitgenossen, Emotionen und Situationen. Und die angenehmen sind dir natürlich lieber als die unangenehmen. Weil jedoch in deiner Wahrnehmung beide Erscheinungen Quelle sind, oder, wie Ramesh es ausdrückte *aus der Quelle kommen*, bist du nicht im Clinch mit ihnen, weil du erst gar nicht den Versuch unternimmst sie zu eliminieren. Man könnte sagen, dass du dich mit ihnen arrangierst und ihren Wert als Kontrast anerkennst.

Das Ergebnis ist, wie könnte es anders sein, weit mehr Harmonie im täglichen Leben. Und weitaus weniger Konflikte, vor allem nicht solche, die durch den Eindruck ausgelöst werden, es mit etwas Anderen als der einen und einzigen Quelle zu tun zu haben.

Selbst notwendige kontroverse Gespräche werden anders geführt. Sind zwar nicht zwingend sanfter oder kompromisshafter, aber keinesfalls so, als stünde uns ein Feind gegenüber. Du magst gänzlich anderer Meinung sein und dies auch zum Ausdruck bringen, und doch sprichst du in deiner Wahrnehmung von Quelle zu Quelle und das gibt dem Gespräch eine ganz andere Qualität.

Sela!

Mindfuckfallen nach der Desillusionierung, zu Beginn und während des Dekonditionierungsprozesses

Desillusionierung des illusionären Eindrucks persönlicher Täterschaft findet plötzlich statt und ist ein irreversibler Switch.

Dekonditionierung ist ein Prozess, der sich über einen längeren Zeitraum erstreckt, in welchem dem Gehirn die Täterillusion sozusagen abgewöhnt wird. Weil die alte Konditionierung jedoch mit enormer Energie aufgeladen ist, tappt der Mind zwangsläufig immer wieder in verschiedene Fallen, über die hier aufgeklärt wird.

Werner Ablass

Fatalismus

Irgendwas Unangenehmes passiert und der Gedanke erscheint: Die Quelle, Gott, Bewusstsein hat das so gewollt. Die Folge: Man nimmt es als „Gottes Wille" an und traut sich nicht etwas zu tun, um die unangenehme Situation zu verändern!

Gott tut nie etwas. Niemand ist so faul wie Gott. Mein Hund kann so richtig schön faul herumliegen, gegen Gott jedoch ist er fleißig!

Gott muss nix tun um zu sein. Was getan wird oder sich tut in all den unzähligen Lebewesen ist „hinlänglich" zu vergleichen mit all den Aktivitäten in einem schlafenden Body. Was da alles abgeht. Nicht nur in den Organen, selbst in jeder einzelnen Zelle.

Die Zelle stellt ein strukturell abgrenzbares, eigenständiges und selbsterhaltendes System dar, ist fähig Nährstoffe aufzunehmen und die darin gebundene Energie durch Stoffwechsel für sich nutzbar zu machen. (Wikipedia)

Merkst du etwas davon? Nicht mal dann, wenn du wach bist! Nichtwahr? Viel weniger noch wenn du schläfst! Musst du die Zelle willentlich anweisen gut zu arbeiten? Nein, während du dich entspannt auf dem Liegestuhl räkelst und aufs Meer schaust (solltest du dich gerade in Urlaub befinden) schuftet die Zelle und das sind in einem einzigen Körper sehr, sehr **viele**! Oder genauer: Ein Erwachsener besteht aus 10^{14} oder 100 Billionen oder 100 000 000 000 000 einzelnen **Zellen.** Legte man die durchschnittlich nur 40stel Millimeter kleinen **Zellen**aneinander, reichten sie zweieinhalb Millionen Kilometer weit – oder etwa 60-mal um die Erde.

Hast du überhaupt eine Ahnung was in deinem Body an Zellaktivitäten abgeht? Nö, sagst du vermutlich, war mir bisher nicht klar. Dennoch existierst du. Schlafend sogar.

Gott hat überhaupt keine Ahnung von dem was hier abgeht. Wozu auch? Es handelt sich ja sozusagen um seinen Körper. Und der funktioniert willenlos. Ich war gestern auf einem Weinfest. Unbewusste Menschen, die einfach nur funktionieren. Wahrscheinlich war ich der Einzige dort, dem das bewusst war. Dass es nur das Eine gibt ohne ein Zweites.

Gott **muss** nicht bewusst sein, dass nur Gott existiert!

Es geht auch ohne dieses Bewusstsein. Alles funktioniert ohne seinen Willen. Er braucht keinen. Ebenso wie du keinen brauchst, um die 100 Billionen Zellen in deinem Körper zum Stoffwechseln zu bringen, zum Teilen, etc. Funktioniert alles vollautomatisch. So dass man sagen könnte, nicht nur der Mensch, selbst Gott ist ein Vollautomat. Er muss sich um nichts kümmern. So wie er ist, ist das Universum, so wie er ist, ist die Welt.

Und daher ist es sinnlos den Willen Gottes für das verantwortlich zu machen, was jeweils passiert und aufgrund dieses Glaubens untätig zu bleiben. Simples Beispiel: Ein Abonnent meiner Texte schreibt mir, sein Passwort funktioniere nicht mehr. Über die Suchfunktion finde ich jedoch seinen Namen nicht im System. Ich bitte ihn nachzusehen, ob er überhaupt unter seinem Namen eingetragen ist. Die Antwort ist ja und: *Ich soll wohl keine Texte mehr bekommen!*

Die Schlussfolgerung erscheint zunächst logisch! Denn was passieren muss freilich passieren. Der Zugang zu den Abotexten ist offensichtlich blockiert. Die Schlussfolgerung jedoch, die ist Mindfuck. In diesem Fall fatalistischer Mindfuck. In Indien übrigens immer noch sehr populär. Wer in der Gosse liegt, war im letzten Leben ein böser Mensch und hat es so verdient. Wenn er sich damit abfindet, kann er fürs nächste Leben Karma-Pluspunkte sammeln. Dieser tief in der Gesellschaft Indiens verwurzelte Glaube ist meines Erachtens der Grund dafür, dass die indische Regierung nur sehr wenig für Arme tut und einer der Gründe, weshalb sie noch immer kein modernes Sozialsystem etabliert hat.

Wahrheit ist:

> Was immer du tun <u>kannst</u>, ist determiniert!

Denn wie solltest du etwas tun können, was nicht determiniert ist? Völlig unmöglich! Da alles determiniert ist, muss dieses Prinzip auf jede Handlung (und natürlich auch auf jede Unterlassung) zutreffen. Du wärst schlicht nicht in der Lage etwas zu unternehmen, wenn diese Unternehmung nicht bereits unternommen worden wäre! Weil Zeit Illusion ist.

> Was passieren wird, ist schon passiert,
> bevor es im Erleben aktuell wird

Ich versuche stets eine Lösung zu finden. Und wenn sich der erste Lösungsansatz als erfolgslos erweist, suche ich einen anderen. Erst wenn mir überhaupt nix mehr einfällt, versuche ich den Karren nicht mehr aus dem Dreck zu ziehen! Da muss dann jemand anderes ran. Oder er bleibt eben drin.

Nun magst du mit Recht darauf hinweisen, dass diese Art des Umgangs mit Problemen schlicht mein „Strickmuster" ist. Stimmt! Und es liegt mir fern dich umzustricken. Obgleich das Gehirn lernfähig ist und nicht zwingend lebenslang fatalistisch oder problemorientiert denken muss.

Mein Anliegen ist aber ein anderes, nämlich die Mindfuckfallen zu exponieren, in die wir gerade zu Beginn des Dekonditionierungsprozesses tappen. Und eine, in die man wohl am häufigsten tappt, ist die eben erwähnte.

Wieso nur solltest du nichts unternehmen, wenn deine Firma dir beispielsweise betriebsbedingt kündigt? Ebenso wie die Kündigung determiniert ist, ist der Betriebsrat determiniert! Er ist dafür da dir zu helfen. Was er womöglich nicht kann, doch bevor du dies weißt, kannst du es zumindest probieren.

Der Vorteil der Gewissheit „Alles determiniert" ist der, dass du relativ locker an die möglichen Lösungsansätze rangehen kannst: Wenn mir geholfen werden SOLL, wird mir geholfen werden! Dagegen ist jeder Chef machtlos! Und wenn nicht, nun, dann kann mir keine Macht der Welt helfen!

In wenigen Fällen ist Nichtstun die beste Alternative. Aber - auch schon erlebt. Diese „innere Blockade" ist jedoch keine, die aus dem Konzept des Fatalismus resultiert, sondern aus der intuitiven Gewissheit, dass Handeln momentan nicht dran ist. Manche Probleme erledigen sich nämlich von selbst. „Problem aussitzen" nennt man das! Helmut Kohl war darin ein (unfreiwilliger) Meister!

Du hast einen freien Willen! Dass er Illusion ist steht außer Frage. Mein Kaffee ist jedoch auch Illusion. Diese Klarheit hält mich jedoch nicht davon ab, ihn zu trinken. Meine Empfehlung ist daher:

> Tu, was immer dir in einer gegebenen Situation
> das Bestmögliche zu sein scheint!

Wenn es nicht zur Lösung eines Problems führen sollte, ist das kein Indiz dafür, dass du es dir hättest sparen können, es ist lediglich das, was nicht passieren sollte. Dann probiere eben was Anderes. Bis es funktioniert! Und wenn nichts funktioniert, kannst du dir absolut sicher sein, dass es nicht an dir liegt, wobei ohnehin nichts von dem was passiert und nicht passiert an dir liegt!

Sela!

Angst

Als Suzanne Segal38 ihr Ich-Empfinden verlor, erschien anstatt innerer Friede panische Angst. Das Zentrum, um das sich für Jahrzehnte scheinbar alles drehte, war plötzlich verschwunden. Von einem Moment zum anderen verlor sie ihre Ich-Identität. Verstand, Körper und Gefühle funktionierten noch, aber sie hatten nichts mehr mit ihr zu tun. Die panische Angst überfiel sie, weil sie glaubte, sie sei verrückt geworden. Sie suchte ein Dutzend Psychotherapeuten auf, die alle hilflos vor dem Phänomen standen. Erst als sie sich mit den buddhistischen Lehren befasste, wurde ihr klar, dass dieser Zustand von Ichlosigkeit keine Geisteskrankheit, sondern Ausdruck spirituellen Erwachens ist.

Vielleicht stellt sich dir die Frage, wie das überhaupt möglich sein kann. Ist nicht das illusionäre Ich die Ursache der Angst? Wie sollte Angst vor der Ichlosigkeit überhaupt erscheinen können, wenn das illusionäre Ich den KörperGeistOrganismus nicht mehr dominiert?

Nun, das Gehirn ist schließlich, manchmal jahrzehntelang, an das Ich-Empfinden gewöhnt. Es gibt ihm ein Gefühl der Sicherheit, das sich wie folgt formuliert: Ich denke, ergo bin ich!

Wird dann aber klar, dass ich weder denke noch handle, verschwindet das Ich-Empfinden und damit auch die mit ihm verbundene Sicherheit! Und wie sollte sich da nicht Angst einstellen können?

Immer wenn der KörperGeistOrganismus einer Bedrohung begegnet, selbst wenn sich diese im Nachhinein als Illusion herausstellen sollte, produziert er zunächst einmal Angst. Prophylaktisch sozusagen. Angst ist an sich eine wichtige Funktion als ein die Sinne schärfender Schutzmechanismus, der in tatsächlichen oder auch nur vermeintli-

---

38 In ihrem Buch *Kollision mit der Unendlichkeit: Ein Leben jenseits des persönlichen Selbst* berichtet sie über ihre Erfahrungen

chen Gefahrensituationen ein angemessenes Verhalten, etwa Flucht, einleitet.

Was Suzanne erlebte, kann freilich jeder Organismus erleben, der sein Ich-Empfinden oder seine Ich-Identität verliert, wobei es natürlich drauf ankommt, ob du von Haus aus ein ängstlicher Typ bist. Bist du das nicht, wirst du dieses Phänomen nach der Desillusionierung höchstwahrscheinlich nicht oder nur ansatzweise erleben.

Indem du den Auslöser der Angst verstehst, bzw. was sie verursacht, nämlich einzig der Organismus, welcher sich vor einer wie auch immer gearteten Bedrohung zu schützen versucht, hat sie kaum noch eine Chance sich zur Panik zu steigern. Du wirst sie erleben wie jede andere *außergewöhnliche* Emotion. Und jede ist möglich, auch nach der Desillusionierung. Trauer, Zorn, Angst ebenso wie Euphorie, Leidenschaft, Glückseligkeit.

Ein Organismus im natürlichen Zustand ist zumeist emotionslos

Dieses Statement mag dich überraschen, weil du womöglich gehört oder gelesen hast, im erleuchteten Zustand erfahre man permanente Glückseligkeit. Das Nervensystem würde solch einen glückseligen Dauerzustand jedoch stressig finden und gar nicht aushalten.

Angst wird nicht panisch, wenn sie angenommen und geduldet wird. Du bist dir ihrer einfach bewusst und lässt sie sich im Organismus ausbreiten bzw. austoben. Beobachtest den erhöhten Herzschlag, womöglich das Zittern, den Schweißausbruch, die Schnappatmung, was auch immer an körperlichen Phänomenen erscheint. Hört sich leichter an als es ist, magst du sagen. Ich habe ja auch nicht behauptet es sei leicht! Es gibt aber nichts, was die Angst vor der Ichlosigkeit schneller und wirkungsvoller auflösen kann als sie schlicht wahrzunehmen, anstatt sich von ihr einnehmen zu lassen. In jedem Fall ist das Phänomen Angst nicht zwingend darauf zurückzuführen, dass dein Ich-Empfinden noch existiert. In diese Mindfuckfalle musst du von nun an nicht mehr treten. Sela!

Zorn und Tränen

Wer wird denn deswegen weinen? Insbesondere in Filmen beliebt, dieser (blöde) Spruch! Gleiches gilt für den Zorn! *Musst du deshalb so laut werden? Das kann man doch mit einem kultivierten Gespräch weit besser regeln!*

Stimmt! In manchen Fällen. Aber nicht immer ist Sanftmut und Geduld die bessere Alternative.

In Thailand kommt man mit Zorn vermutlich nicht ans Ziel. Die Menschen in diesem Kulturkreis reagieren in der Regel auf Zorn mit Ablehnung. Weiß man das, kann man sich ja entsprechend verhalten. Die Chefin eines Ressorts in Thailand, das meinen Vorstellungen überhaupt nicht entsprach, obgleich es für ein Retreat schon Monate zuvor gebucht war, akzeptierte nach einem „sanften" Gespräch mit mir nicht nur die Stornierung aller Teilnehmer, sondern fuhr uns persönlich und gratis zudem noch zu einem anderen Ressort, um dort unser Retreat veranstalten zu können!

ich betrachte sowohl Sanftmut als auch Zorn als Werkzeuge. Welches eingesetzt wird, kommt auf die Situation an. Kürzlich in Spanien. Ein Freund hatte sich bei einem Sturz den Oberschenkelhals gebrochen. Als ich ihn 3 Tage später im Krankenhaus besuchte, lag er noch immer auf der Notfallstation und berichtete, er werde nicht gut behandelt und die Operation werde immer wieder verschoben. Ein Blick auf die ignorante und arrogante Körpersprache des Personals bestätigte seinen Bericht. Da ich nicht spanisch spreche und das Personal weder englisch noch deutsch spricht, bot sich keine andere Möglichkeit, als meinen Unmut über dieses nachlässige Verhalten durch einen Zornesausbruch zu demonstrieren. Was ich sagte spielte dabei nicht die geringste Rolle, wurde es ja ohnehin nicht verstanden. Sehr wohl aber meine Lautstärke und Körpersprache. Noch während unseres Besuchs wurde mein Freund auf eine andere Station verlegt und bereits am darauffolgenden Tag operiert.

Das Problem bei Tränen und Zorn ist nur eins - der Eindruck persönlicher Täterschaft! Denn dann weinst „du" und „du" wirst auch zornig! Weinen darfst du aber nur auf Beerdigungen. Da solltest du es sogar, selbst wenn dir nicht danach ist! Und zornig wird man als kultivierter Mensch am besten überhaupt nicht, in keiner Situation.

Und so wirst du schuldig gesprochen. Von außen und innen. Denn dein Gehirn ist mit diesen (und vielen anderen) gesellschaftlichen Normen programmiert! Und so schnell wie du vielleicht meinst, werden diese nach der Desillusionierung nicht deaktiviert!

Während einer Session im Event auf Teneriffa befahl ich einem Teilnehmer zu schweigen. Ziemlich heftig sogar, denn er unterbrach mich im „Yoga der Worte", der sich gerade ausdrücken wollte. Der eine oder andere im Raum hatte damit vermutlich ein Problem und hielt mich für zu dominant oder autoritär. Obgleich es eine persönliche Ansprache war, sind meine Reaktionen immer unpersönlicher Natur. Sie dienen der Sache und die Person spielt dabei nicht die geringste Rolle, und in diesem Fall handelte sich sogar um einen langjährigen und guten Bekannten.

> Ohne den Eindruck persönlicher Täterschaft
> geht es immer nur um die Funktion, nie um die Person!

Daher kann ich auch öffentlich weinen. Tränen sind ebenso Ausdruck der Quelle wie Zorn. Anlässlich eines Events gingen mir während des mich tief berührenden Zeugnisses eines Teilnehmers die Augen über. Auch diese Reaktion ist unpersönlicher Natur. Und die Desinformation, nicht zornig werden oder weinen zu dürfen, hat in meinem Gehirn keinen Raum. Sie ist deaktiviert.

Kurz nach der Desillusionierung jedoch waren diese Desinformationen ab und zu noch in mir aktiv! Doch wann immer sie mir ein schlechtes Gewissen machen wollten, wurden sie sogleich als Desinformation exponiert. Und so wurde mein Gehirn nach und nach dekonditioniert.

Denselben Prozess erlebt jeder, der persönliche Täterschaft als konditionierten Fake zu durchschauen vermag! Sei also nicht überrascht, wenn deine Erkenntnis im alltäglichen Leben nicht sofort und in jeder Situation Niederschlag findet. Denn der Desillusionierung folgt die Dekonditionierung.

Als Kind ist dir nicht bewusst, dass die Sonne nicht wirklich untergeht. Wenn du schließlich erfährst, dass die Drehung der Erde um die Sonne diesen Eindruck hervorbringt, bist du desillusioniert. Der Eindruck des Sonnenuntergangs bleibt dir jedoch erhalten. Lebenslang sogar. Und deshalb sagen wir auch nicht: Schau nur, jetzt ist die Drehung der Erde um die Sonne auf unserem Erdteil wieder einmal vollendet und es wird dunkel! Nein, jeder sagt: Schau nur, die Sonne geht unter! Da dein Gehirn jedoch verinnerlicht hat, dass die Sonne in Wahrheit nie untergeht, wirst du sie nicht hinterm Wald suchen gehen, wie ich dies als Kind einmal tat!

Sela!

Hilflosigkeit

Du BIST hilflos! Warst es schon immer. Von Geburt an. Nur wusstest du es bislang nicht! Jetzt weißt dus. Jetzt, nachdem dir klar wurde, dass du nur denkst, dass du denkst!

Mit dem Gefühl der Hilflosigkeit ist es ähnlich wie mit der Angst gegenüber der Ichlosigkeit. Das Gehirn ist einfach (noch) nicht daran gewöhnt keine Instanz mehr zu haben, die ihm den Glauben vermittelt, für sich selbst sorgen zu können! Vielleicht zum ersten Mal ist bewusst, dass Gedanken sich einfach nur denken! Ohne dich vorher zu fragen, ob sie das überhaupt dürfen!

Zwar hast du manchmal schon bemerkt, wie hartnäckig Gedanken sein können. So dass du womöglich nicht einmal einschlafen konntest. Eigenartigerweise kamst du jedoch nie auf die Idee dich zu fragen, wie es möglich sein soll, dass du als Denker deiner Gedanken dieselben nicht ebenso abstellen kannst wie als Fahrer den Motor deines Autos!

Nun aber wurde dir klar, dass der Denker, der denkt, dass er denkt, auch nur ein Gedanke ist, der sich gänzlich ohne dich denkt! Und klar haut das rein! Wie soll ein System so eine Erkenntnis so einfach von heute auf morgen verkraften? Daher stellt sich ein Gefühl von Hilflosigkeit ein. Denn wenn ich nicht einmal fähig bin meine Gedanken zu lenken, wie sollte ich dann fähig sein mein Leben zu managen? So ein Gefühl vermag schon zu lähmen!

Ich würde sagen: Völlig normal! Doch das muss und das wird nicht so bleiben! Nicht dass du dich irgendwann nicht mehr hilflos fühlen wirst. Die Lähmung jedoch, sie wird aufgehoben, sobald sich das System auf die Realität eingestellt hat.

Das System stabilisiert sich, wenn erst einmal verinnerlicht ist, dass der Denker noch nie vorhanden war und auch noch nie gebraucht wurde. Dass Gedanken schon immer sozusagen *von außen* kamen und dass der Denker lediglich eine Desinformation war, die ins System eingeschleust wurde und es mit dem Empfinden persönlicher Denker-schaft konditionierte.

Sich hilflos zu fühlen ist dann wundervoll, wenn du die Natur be-trachtest und siehst, wie großartig und genial sie für sich selbst sorgt. *Schaut die Lilien auf dem Felde, wie sie wachsen: sie arbeiten nicht, auch spinnen sie nicht. Ich sage euch, dass auch Salomo in aller seiner Herrlichkeit nicht bekleidet gewesen ist wie derselben eins*[39].

Lilien denken nicht einmal. Und doch wachsen sie und sind wunder-schön. (Womöglich gerade deshalb)

Wann immer ich angegriffen werde und Leute Übles über mich schreiben, denkt sich meistens zunächst: *Was für Idioten! Mit Blind-heit für die Schönheit und Klarheit dieses Dienstes geschlagen!* Und dem folgt sogleich die Information: Und genau deshalb können sie nicht anders über ihn denken. Sie **müssen** blind für ihn sein, denn sie werden auf diese Weise gedacht. Sie sind in dem was sie denken ebenso hilflos wie ich! Und schon wird die Hilflosigkeit zu einem Ge-schenk! Denn sie verhindert (in diesem Fall), dass der stimmige Ge-danke „Was für Idioten!" sich in Hass wandeln kann.

Wie könnte man Schlangen denn hassen? Was können sie dafür, dass sie Gift in sich tragen? Ihnen nicht zu nahe zu kommen, sich vor ihrem Biss zu hüten oder ihnen, wenn ein Biss unvermeidlich sein sollte, zuvor den Kopf abzuschlagen, ist etwas ganz Anderes als sie zu hassen!

Ich bin gerne hilflos, weil ich vertraue! Dem was mich hervorge-bracht hat. Mich täglich aufs Neue hervorbringt, wenn ich vom Schlaf erwache. Und mit mir als Person alles was dieselbe von allem Seiten umgibt. Wozu brauch ich da noch das Empfinden persönlicher Den-ker- und Täterschaft? Wozu das Gefühl mein Leben managen, steuern zu können? Das Leben managt sich selbst am allerbesten. Wir können

---

[39] Jesus, Matthäus 6:28

ihm nur im Weg stehen. Mit dem törichten Gedanken, selbst für uns und Andere sorgen zu müssen oder sorgen zu können.

Jesus wusste schon, weshalb er seine Jünger auf die Natur hinwies. Die Lilien, die Vögel, deren keine(r) für sich selbst sorgt und welche dennoch Nahrung erhalten, fliegen oder wachsen. Es gibt keinen besseren Anschauungsunterricht als die Natur, um das Gefühl der Hilflosigkeit akzeptieren zu können.

Sela!

Identifikation

Die Quelle kann sich ohne Identifikation mit einem KörperGeistOrganismus nicht erfahren. Und es daher nicht verwunderlich, dass der Mensch das Gefühl hat, eine eigenständige Person zu sein, die denkt, entscheidet und handelt. Kaum einer kommt daher auf die Idee einmal zu überprüfen, ob dem wirklich so ist. (Ich wäre ohne die Empfehlung meines Meisters auch nicht darauf gekommen) Wenn dies aber geschieht, ist es relativ schwierig zu übersehen, dass der Organismus autonom funktioniert. Womit evident wird, dass der Denker, der Entscheider, der Täter auf purer Einbildung beruhen. Was bei solch einer Überprüfung „von dir" übrig bleibt ist allein das-was-alles-wahrnimmt und nur das ist keinem Wandel unterworfen.

Solltest du nun aber auf die verwegene Idee kommen in dem was wahrnimmt „bleiben" zu wollen, wirst du mit 100prozentiger Sicherheit versagen. Es gibt sie ja, die spirituelle Idee und sogar die Lehre, Zeuge zu sein, allem was passiert nur zuzusehen, es zu bezeugen.

Nach der Desillusionierung nicht in diese Mindfuckfalle zu treten ist beinahe unmöglich! Der Mind versucht nämlich stets aus der objektiven Wirklichkeit eine subjektive Erfahrung zu machen. Als ob die Erfahrung Wirklichkeit „machen" könne, obgleich es genau umgekehrt ist: Ohne Wirklichkeit keine Erfahrung!

Identifikation im alltäglichen Leben ist Voraussetzung für ein funktionierendes Dasein. Es ist daher pseudospiritueller Mindfuck zu meinen, sich stets und bei allem beobachten bzw. wahrzunehmen zu müssen. Der Misserfolg ist vorprogrammiert. Sowohl was das beständige Wahrnehmen als auch die zu verrichtende Arbeit angeht. Beides bleibt auf der Strecke!

Bist du in eine wie auch immer geartete einigermaßen anspruchsvolle Arbeit involviert, bedarf sie deiner vollen Aufmerksamkeit. Ansonsten wirst du Ausschuss produzieren. Selbst bei einer Freizeittätigkeit wie beispielsweise dem Surfen wäre es ratsam sich darauf zu konzentrieren, anstatt sich darin zu üben, wahrzunehmen, wie der Bodymind surft!

Solches Wahrnehmen kann zwar immer wieder passieren, es muss aber keineswegs immer erfahren werden. Wozu sollte das gut sein frage ich dich?

> Das was wahrnimmt ist in keiner Millisekunde suspendiert,
> denn wäre es das, würde die Welt sofort untergehen!
> Erinnere dich: Es gibt keine Welt. Es gibt nur Bewusstsein!

Und ist das einmal klar, ist die Erfahrung sekundär. Primär ist das was erscheint.

Nun magst du anmerken: An anderer Stelle sagst du es genau umgekehrt: Primär ist was wahrnimmt, sekundär was erscheint! Naja, da war auch der Kontext ein anderer. Es ging darum zu klären, dass du essentiell nicht bist was erscheint, sondern das, worin alles erscheint! Und in diesem Kontext ist freilich das primär, worin alles erscheint und das, was erscheint, sekundär!

Hier geht es jedoch darum eine weitere Mindfuckfalle zu exponieren. Und die besteht darin, unterbrechungslos „erfahren" zu wollen, was ohnehin zeitlose Wirklichkeit ist, was unmöglich und darüber hinaus nutzlos ist. Stets ist Bewusstsein oder das-was-wahrnimmt alles was ist. Vollkommen unabhängig von deiner Erfahrung.

Es ist schließlich Bewusstsein, das sich identifiziert! Also mich dich nicht ein, steh ihm nicht im Weg, indem du glaubst, du müsstest dies andauernd bezeugen!

Nun mag jemand altklug erwidern: Wenn Bewusstsein alles ist was ist, wäre es ja auch Bewusstsein, das sich einmischt! Klar doch!

> Nichts ist nicht Bewusstsein!

Nur erledigt sich Einmischung im geklärten Bewusstsein. Im ungeklärten ist Einmischung Normalität!

Identifikation mit dem Organismus, seinen Bedürfnissen und Tätig-
keiten, seinen Vorlieben und Abneigungen ist also nichts schlimmes
oder gar ein Beweis für nicht erfolgte Desillusionierung (bzw. Erleuchtung), sondern schlicht Bewusstsein in seiner Erscheinung als menschliches Wesen. Das funktioniert reibungslos, solange kein virtuelles Ich
mitmischt, das glaubt, dass das Leben unbedingt seine Mitwirkung
braucht!

Dann erst wird's problematisch! Dann erst kommt es zu Blockade,
Reibungsverlust und Energieverschwendung. Wenn du meinst Zeuge
spielen zu müssen! Wenn du meinst deine Partnerschaft in Ordnung
bringen zu müssen oder gar zu können! Wenn du meinst ein besserer
Mensch werden zu müssen! Wenn du meinst, du kannst, sollst oder
musst!

Die Identifikation mit diesem eben beschriebenen „Monster", die
behindert die Funktion des KörperGeistOrganismus allerdings massiv.
Und das ist es, was ich auf dem Kieker habe. In diesem Buch. In meinem Wirken!

Sela!

Selbstvergessenheit

Wie willst du dir die Welt erklären, vor allem den Menschen, ohne die Selbstvergessenheit Gottes zu sehen? Mir jedenfalls wäre es völlig, gänzlich, total unmöglich!

Wenn du Gott auch nur ein wenig geschmeckt, ach was sag ich, wie an einem wirklich guten Glas Wein (also keinem Trollinger) auch nur ein wenig genippt hast, fragst du dich nicht nur bei den meisten Menschen, sondern auch für dich selbst, wie es anders zu erklären sein sollte, dass mensch ist wie er ist.

Insonderheit freilich, wenn du den Mindcrash hinter dir hast, womit ich freilich nicht den Mind als solchen, sondern die Verwurzelung des Ich-Gedankens im Mind meine. Denn ohne diesen bist du im Göttlichen wieder.

Gott ersetzt (d)Ich.

Und dann kommst du vom Berg der Erleuchtung wieder runter in die Niederungen des Menschseins. Arbeit, Kollegen, blödes Geschwätz, Streit mit dem Nachbarn, Schulden beim Vermieter, etc. und du bist womöglich vollständig in dasselbe verwickelt. Ach, und dann auch noch diese Heuchler! Die nicht stehen können zum normalen Menschsein! Die wegsehen müssen, um sich ihre ehrenwerte Maske sogenannter Tugend bewahren zu können.

Unmöglich zu ertragen ohne die Erkenntnis der Selbstvergessenheit Gottes!

Kannst du sie sehen? Ich wäre verloren ohne den Durchblick! Menschen oftmals schlimmer als Tiere! Vor allem wesentlich dümmer! Und das soll der Ausdruck Gottes sein? Dass ich nicht lache!

Jeder Hund ist göttlicher als der Mensch. Im Allgemeinen ebenso wie im Besonderen!

Mensch ist einerseits (höchstwahrscheinlich) das einzige Lebewesen, mit dem Gott sich an sich selbst zu erinnern vermag. Und wenn es passiert, könntest du, weils sozusagen der Höhepunkt ist, sogleich sterben. Denn du weißt, wer du bist, wer du nicht bist, du durchschaust Maya, das Spiel Gottes mit sich selbst, das auf Selbsttäuschung basiert. Allerdings einer äußerst genialen, ohne welche Gott sich nicht erfahren könnte. Gott als Gott, Bewusstsein als Bewusstsein, Nichts als Nichts – unerfahrbar!

Andererseits ist mensch das dümmste, ignoranteste, bescheuertste Lebewesen, das diesen Globus bevölkert! Beispiele muss ich nicht aufzählen, die Fakten sprechen für sich. Aber wie auch sollte es anders sein können! Und wiederum muss ich sie bemühen, die Dualität.

Höchste Weisheit bedingt äußerste Dummheit!

Wie solltest du auf einer Schaukel sitzend die höchste Höhe erreichen können, wenn auf der anderen Seite nicht die tiefste Tiefe erreicht werden würde? Sag du es mir? Ich finde auf diese Frage nämlich keine andere Antwort!

Gott hat gar keine andere Wahl! Er hat überhaupt keine andere Alternative. Damit er sich mit einer Minorität als Nichts und Niemand erkennen kann, bedarf es offenbar eine Majorität vollkommen blinder KörperGeistOrganismen, die mehr oder minder nur durchs Leben stolpern! Ich bin kein Misanthrop, ich berichte hier nur über nachweisbare Fakten!

Ich war kürzlich wieder mal unter Leuten, was nicht mehr allzu oft vorkommt. Sonderlich auf verschiedenen Flughäfen, die ja von dieser eigenartigen Rasse namens gewöhnlicher Mensch förmlich überquellen. Ich schaue in ihre abgehetzten und ängstlichen Gesichter, ich sehe sie laufen und kaufen und raufen, ich höre sie über lauter Nebensächlichkeiten quatschen. Und denke: Mein Gott, mein Gott - nein, nicht wie Jesus: Warum hast du *mich* verlassen, sondern: Wie konntest du *dich* nur so unfassbar weit von dir selbst verlassen? Kommt dir denn dieser Gedanke niemals?

Sollte er dir kommen, kann ich dir nur empfehlen dich an das hier Geschriebene zu erinnern! Bei dem Phänomen (Massen)mensch handelt es sich um die äußerste Selbstvergessenheit Gottes. Das andere Ende der Schaukel. Ganz unten. Und solltest du auf dem anderen Ende - also ganz oben - sitzen, so ist es deine Bestimmung. Du hast dafür überhaupt nichts getan! Auch wenn es so scheint. Die da unten haben vielmehr dafür gesorgt, dass du da oben landen konntest! Dass du begonnen hast nach der Wahrheit zu suchen, lag sicher nicht in deinem Interesse. Es kam über dich wie eine Begierde, wie eine Sucht, die du nicht ablegen konntest! Und das „Übergewicht" des Massenmenschen auf diesem Globus hat jede Menge dafür getan. Oder etwa nicht?

Es war Gott, der sich suchte und fand. Mir dir fand. Ebenso wie er sich mit anderen vergisst! Sogar völlig vergisst. Bis zu einem Grad, dass man mensch für entartet hält. Und wenn nicht, dann zumindest für seltsam und absonderlich.

Tu dir einen Gefallen! Lass dich erst gar nicht ein auf den inneren Dialog, in dem es um Gerechtigkeit geht: So viele Menschen sind blind, damit ich sehend sein kann?

Dummes Zeug! Weils dich gar nicht gibt. Alles was ist, ist Bewusstsein! Alles was ist, ist sichtbar gewordene Göttlichkeit. Und alles was geschieht, geschieht ihr. Wenn du also schon nicht aus dem Bemitleiden rauskommen solltest, bemitleide Gott! Du kommst jedoch in einer Millisekunde raus, wenn dir klar wird, dass es Gott selbst ist, der sich ins Menschsein begibt. Ins so verdammt dämliche, unsinnige, gewöhnliche Menschsein, das ihm jedoch gleichzeitig die einzigartige Chance bietet, sich selbst zu erkennen!

Sela!

Trauma

Ob ein Mensch aufgrund einer traumatischen Situation mit einer psychischen Störung reagiert und welches Krankheitsbild danach im Vordergrund steht, hängt meistens sehr von den persönlichen Bewältigungsmöglichkeiten und vielen weiteren Faktoren ab.
Wikipedia

Ein Trauma kommt nicht zwingend durch eine seelische Verletzung zustande, sondern durch den manchmal mit ihr einhergehenden Schock. Das sagte mir ein bekannter Trauma-Therapeut, der mich vor einigen Jahren besuchte, um an einer Session teilzunehmen. Alle kompetenten Traumatherapeuten sind sich offenbar darin einig, dass ein schlimmes Ereignis nicht zwingend zu einem Trauma führen muss! Es kommt vielmehr entscheidend auf die psychische Struktur und die Verarbeitungsmechanismen des Betroffenen an.

Eine Intervention, die von Traumatherapeuten in der Behandlung von Betroffen angewandt wird, ist die Akzeptanz dessen, was passiert ist. Das wird mir in Gesprächen mit Therapeuten immer wieder bestätigt. Einige empfehlen ihren Klienten mein Buch „Leide nicht – liebe" zu lesen, in welchem diese Methode mit einfachen Worten ausgeführt wird. Worin es auch um die Akzeptanz der Nichtakzeptanz geht: Ich liebe mich dafür, dass ich mich (oder andere oder ein Ereignis) nicht lieben kann!

Für noch wesentlich effektiver jedoch halte ich es, wenn einem Betroffenem klarwerden könnte:

Kein Täter, nur Taten!

Wobei freilich das rein intellektuelle Verstehen nicht ausreicht. Das Verstehen muss sozusagen tiefere Regionen des Bewusstseins erreichen. In jedem Fall aber ist die sogenannte Aufarbeitung des Traumas im besten Fall eine Vorbereitung auf das Verstehen, dass es nur Geschehnisse gibt, jedoch keinen, der dieselben bewirkt und auch keinen, dem sie geschehen.

Es ist ja nicht allein das schreckliche Ereignis, das den Organismus erschüttert und zu einer Art Schockstarre führt, den das Gehirn abspeichert und nicht vergessen kann. Es sind vor allem die Vorwürfe, die damit im Zusammenhang stehen:

- Wie konnte er/sie mir das nur antun?
- Wieso in aller Welt war ich nur so töricht, mich auf diesen Menschen einzulassen?
- Wie konnte ich nur so leichtfertig sein, mich in diese Situation begeben? (Beispielsweise an einem von Lawinen gefährdeten Abhang Ski zu fahren und verschüttet zu werden)
- Wie konnte Gott (oder das Schicksal) das nur zulassen?

Diese (unbeantwortbaren) Fragen wühlen den Traumatisierten immer und immer wieder auf und lassen ihn nicht zur Ruhe kommen. Sie aktivieren den Vorfall jedes Mal, wenn sie sich stellen und sorgen dafür, dass der Schmerz oder der Zorn zu langanhaltendem Leidensdruck führt. Ich habe in meinen Sessions Personen erlebt, die sich seit 20 und 30 Jahren in psychotherapeutischer Behandlung befinden und dennoch leiden wie zu Beginn und manchmal sogar schlimmer noch.

Natürlich ist eines klar: Wenn das Schicksal alles ist, gilt das auch für die Einsicht, dass das Schicksal alles ist! In jedem Fall aber ist es die effektivste Lösung aus jedem Trauma. Akzeptanz dessen was ist, wie es ist oder war, ist dann nämlich ein Ergebnis und keine Methode.

Im Anfangsstadium der Dekonditionierung können ein Trauma und die mit ihm verbundenen Bilder und Emotionen noch wirksam sein. Wie schon öfter erwähnt, gewöhnt sich das Gehirn das, was es manchmal über Jahre und Jahrzehnte gelernt hat, nicht über Nacht ab.

Wenn einmal verstanden wurde, dass der Glaube an einen Täter ebenso unsinnig ist wie der Glaube an den Mann im Mond, kann dieser zwar noch erscheinen, wenn du den Vollmond betrachtest, glauben aber kannst du aber sicherlich nicht mehr an ihn.

Sela!

Mission

In diese Mindfuckfalle wirst du wohl tappen müssen! Höchstwahr-scheinlich geht daran kein Weg vorbei. Denn wes des Herz voll ist, des geht der Mund über[40]. Besonders dann, wenn du (wie ich), ein missio-narisch gestrickter Typ bist.

Natürlich wirst du in sie (wie in alle anderen Fallen) tappen müssen, wenn es dein Schicksal sein sollte. Bedenke jedoch, dass es offenbar auch dein Schicksal ist, gerade jetzt diesen Text zu lesen! Und womög-lich hat er Einfluss auf deine zukünftigen Handlungen. Wirkt damit wie eine Bremse, die dich vor zu schneller Fahrt in eine scharfe Kurve und den Folgen bewahrt.

Jesus warnte seine Jünger mit folgenden Worten: *„Ihr sollt das Hei-lige nicht den Hunden geben und eure Perlen sollt ihr nicht vor die Säue werfen, damit die sie nicht zertreten mit ihren Füßen und sich umwenden und euch zerreißen."*[41]

Klingt hart, ist sicher auch so gemeint. Besonders der Vergleich mit Tieren stört jene von der sogenannten Zivilisation weichgespülten Gehirne, die solche Aussagen sogleich in die Kategorie Rassismus einordnen. Ich liebe meinen Hund mehr als manch einen Zeitgenos-sen, würde aber nicht aus demselben Napf mit ihm (fr)essen. Und gegen Säue habe ich auch nichts, da sie aber den Wert von Perlen nicht zu schätzen wissen, haben sie im Schweinestall nix verloren!

Die wenigsten westlichen Menschen, die ich seit meiner Desillusio-nierung im Jahre 2004 mit der Wirklichkeit „Kein Täter, nur Taten" konfrontierte, konnten sie schätzen. Die meisten wandten sich so-gleich gegen sie. Und wenn denn mal einer dabei war, der glaubte, das Schicksal sei verantwortlich für unser Erleben, so schränkte er es sogleich auf die „großen" Wendungen im Leben ein. Das wir aber de

---

[40] Bibel, Lukas 5:49
[41] Bibel, Matthäus 7:6

facto überhaupt nichts tun, uns also nicht mal die Nase schnäuzen, das können die meisten Menschen nicht einmal im Ansatz verstehen und viel weniger noch annehmen. Und das muss auch so sein und so bleiben, sonst würde Leben, wie wir es kennen, nicht mehr funktionieren.

Solltest du also aus Gründen, die nicht einmal das Schicksal selbst kennt, auserwählt worden sein, zu verstehen, dass es zwar Taten gibt, jedoch keinen, der sie ausführt, ist meine Empfehlung: Halt deine Klappe! Und öffne sie nur, wenn du ganz sicher bist, dass sich der Mensch, mit dem du kommunizierst, dafür zu öffnen vermag. Sonst wirfst du Perlen vor die Säue und musst damit rechnen, dass sie sie nicht nur in ihrer Ignoranz zertreten, sondern sich gegen dich wenden!

Dieser Gesichtspunkt ist jedoch nicht der einzige, der dich davon abhalten sollte, die Wirklichkeit sozusagen frei Haus zu liefern und dich damit selbst in Schwierigkeiten zu bringen. Denn wie ich schon zuvor schrieb, können und dürfen die allermeisten Menschen nicht von der Wahrheit getroffen werden! Du könntest dir den Mund fusselig reden, die besten Argumente auftischen, das Gehirn würde und müsste sich ihnen verweigern. Es ist schlicht unfähig dich zu verstehen, wenns ihm nicht bestimmt ist, es zu verstehen!

Rede also besser über das Wetter! Oder über sonst ein unverfängliches Thema. Mach das, was man Smalltalk nennt, anstatt dich mit der Wahrheit in die Nesseln zu setzen.

Gott oder das Schicksal braucht keine Messenger!

Und wenn er bzw. es einen braucht, dann hat der Berufene überhaupt keine andere Chance, als ihm zu dienen. Er wird sozusagen vereinnahmt. Ob er Lust dazu hat oder nicht.

Als Gott Mose berief sein Volk aus der Gefangenschaft der Ägypter zu führen, sagte der: Such dir einen anderen! Er wollte lieber weiterhin die Schafe seines Schwiegervaters hüten. Dennoch hatte er keine Wahl. Denn das Schicksal ist alles!

Gott braucht keinen, der ihn vertritt! Die Wahrheit braucht keinen, der sie verteidigt! Genieße du die Gewissheit: Kein Täter, nur Taten! Und überlass die Menschen getrost ihrem Schicksal. Außer, das Schicksal will dich benutzen, Leid zu lindern, Hilfestellung zu geben oder gar die Wahrheit zu kommunizieren, doch sollte dies der Fall sein, wirst du dich ihm ohnehin nicht verweigern können. Und daher kannst du dich ohne schlechtes Gewissen am Meer oder in deinem Garten in die Hängematte legen und ein Eis essen, anstatt dich ständig um irgendetwas zu kümmern.

Kümmerer haben zumeist lediglich ein Helfersyndrom, keine Berufung. Wobei das Helfersyndrom freilich auch Schicksal ist. Zumindest bis zum gegenwärtigen Zeitpunkt. Nach dem Lesen dieses Textes könnte das Kümmern oder deine Mission von dir abfallen wie herbstliches Laub von den Bäumen. Allerdings nur, wenns dir bestimmt ist. Sonst nicht.

Sela!

Wünsche

Seit ich im Hier und Jetzt lebe bin ich wunschlos glücklich! Höre und lese ich immer wieder einmal. Als wäre Wunschlosigkeit ein Indiz für ein Leben im Hier und Jetzt.

Wo sonst solltest du sein als im Hier und Jetzt? Oder anders: Wo sonst könntest du sein? Selbst wenn du gedanklich gerade in deiner Erinnerung oder in einer imaginären Zukunft verbringst, geschieht das nirgendwo anders als jetzt und natürlich auch hier!

Du bist immer hier! Selbst wenn du dich gerade in Amerika aufhältst, kannst du *dort* nur *hier* sein. Und während du hinfliegst natürlich auch. Ein Außerhalb von hier existiert überhaupt nicht. Und was auch immer erlebt wird, kann nicht anders als jetzt erlebt werden!

Solltest du also nach der Desillusionierung vom Eindruck persönlicher Täterschaft Wünsche erleben, gibt's überhaupt keinen Grund an ihr zu zweifeln. *Ach Gott, ich hab ja „noch" Wünsche!*

Na und? Das Erscheinen von Wünschen ist ebenso normal wie das Erscheinen von Emotionen! Der entscheidende Unterschied zum Zustand vor der Desillusionierung ist der, dass die Illusion eines Wünschenden deaktiviert ist! Denn nicht der Wunsch verhindert inneren Frieden, sondern die Schimäre des Wünschenden.

Wenn vor deinem geistigen Auge ein Wunsch erscheint, beispielsweise 30 Millionen Euro im Lotto zu gewinnen, handelt es sich entweder um eine Vorausschau oder um ein Phantasiebild, das keinerlei Chance darauf hat, sich zu erfüllen. Ist der Wünschende nicht als Fake erkannt, wird er sich um die Erfüllung des Wunsches bemühen! Das kann so weit gehen, dass mensch den größten Teil seines Lebens in der imaginären Zukunft verbringt. Und freilich immer unzufriedener mit den gegebenen Umständen wird.

Ist der Wünschende jedoch nicht mehr vorhanden, gibt's nur noch den Wunsch als Erscheinung. *30 Millionen, nicht schlecht! Naja, wenns auf der DVD ist, soll es mir recht sein.* Und du baust im Geist ne Villa mit nem Riesengarten drum rum.

Solch ein Wünschen und Phantasieren hat aber nicht das Geringste mit Realitätsgestaltung zu tun! Weil du als Desillusionierter weißt, dass die Dinge determiniert sind. Du jagst daher keinem Wunsch nach. Du klebst auch an keinem fest. Diese „gesunde" Einstellung gegenüber Wünschen und nicht ihr radikales Verschwinden ist das Ergebnis der Desillusionierung.

Wünsche sind sogar unvermeidbar. Wie sollte Leben, wie wir es kennen, denn sonst funktionieren? Morgens erscheint in mir täglich der Wunsch nach einer guten Tasse Kaffee. Und ebenso auch der Wunsch, nen guten Text schreiben zu können. Wie zum Teufel würde ich denn ohne den Wunsch nach einer guten Tasse Kaffee und einen guten Text schreiben zu können zu denselben kommen können? Wäre der Wunsch zusammen mit Edgar Michael Hofer einen Event zu veranstalten, nicht erschienen, hätte er natürlich auch nicht stattgefunden.

Fazit: Mach dir keinen Kopf, wenn nach der Desillusionierung Wünsche erscheinen! Sie werden dich weder gedanklich noch energetisch aus dem Hier und Jetzt bringen können, und zwar schlicht deshalb, weil der Wünschende fehlt! Er ist die Kraft, die dich in Wünschen festhält und bindet. Bis hin zu dem Punkt, dass du das, was gerade gesehen, gehört, gerochen, geschmeckt und berührt werden kann, kaum noch oder nur wie nebenbei wahrnimmst!

Wenn ich mit meinem Hund unterwegs bin, gibt's keinen, der läuft und auch keinen, der denkt. Und das ist der Grund, dass mit allen Sinnen wahrgenommen werden kann, was gerade erscheint: Die Felder, die Äcker, das Gras, Mohnblumen zwischen den Weizenähren, die Bäume, die Hügel, das Schloss auf dem Berg, die Weinstöcke, der Geruch frisch gemähten Grases, das Rauschen der Blätter im Wind, das Quaken der Frösche im Teich, der Ruf des Kuckucks, das Zwitschern der Vögel, das Summen der Bienen, das Herumschnuppern des

Hundes, sein Hecheln beim schnellen Lauf, der blaue Himmel, die Wolken, der Glanz der Sonne, wenn sie denn scheint, so wie heute.

Sela!

To much time

Eine Hardcore-Sucherin aus der Schweiz, die während einem meiner Events desillusioniert wurde, schrieb mir sinngemäß einige Wochen später: *Der innere Friede ist immens, ich weiß aber nicht, was ich mit all der Freizeit machen soll, die mir seit dem Ende der Suche zur Verfügung steht, denn sie hat einen Großteil meines Lebens in Beschlag genommen. All meine Bücher hab ich verschenkt oder entsorgt, und neue zu lesen, dafür fehlt mir das Interesse. Satsang und Seminare besuche ich auch nicht mehr. Wozu auch? Meditieren tu ich auch nicht mehr, jedenfalls nicht mehr so wie früher. Wenn überhaupt, sitz ich da und genieße den Frieden, ich muss ja keinen Zustand mehr erreichen, keine Höhe erklimmen, keine Tiefe erlangen. Also wenn ich überhaupt ein Problem habe, dann ist es ein Übermaß an Zeit. Mein System muss sich offenbar erst daran gewöhnen, nicht mehr nach mehr zu suchen als im Augenblick da ist.*

So ist es! Der natürliche Zustand verlangt nicht nach Spiritualität! Im Gegenteil: Er entspiritualisiert dich! Meditation ist keine Übung mehr. Wenn überhaupt geschieht sie so, wie sie einer Katze geschieht, die stundenlang auf der Fensterbank liegt und dabei sicher nicht Vipassana macht!

Im natürlichen Zustand spielt es keine Rolle, ob du dir einen Kinofilm ansiehst oder ohne äußere Ablenkung dasitzt! Deine wahre Natur ist nie abgelenkt. Und hat sie sich selbst entdeckt, lässt sie sich durch nichts mehr verdecken. Egal wo du bist, egal was du machst, egal was passiert.

Und so bleibt dem Desillusionierten gar nichts anderes übrig, als sich mit dem zu beschäftigen, was er früher als Ablenkung wahrnahm. Und genau deshalb gibt's ja auch den bekannten Spruch:

> Vor der Erleuchtung sind Bäume Bäume und Berge Berge,
> in der Erleuchtung sind Bäume keine Bäume und Berge keine Berge,
> nach der Erleuchtung sind die Bäume Bäume und die Berge Berge

Was in einem Moment der Klarheit als Illusion durchschaut wird - also alle wahrnehmbaren Objekte - erscheint anschließend wieder als ebenso real wie zuvor. Nur ist dir nun für allezeit klar ist, dass die Bäume und Berge nur real *erscheinen*, jedoch nicht real *sind*!

Und damit hat sichs! Denn das Leben als solches ändert sich nicht! Deine Persona ändert sich nicht. Deine Lebensumstände ändern sich nicht. Sie können sich freilich verändern, aber das passiert auch Normalos, die keinen Dunst von Spiritualität haben.

Du willst eine Empfehlung? Wenn du allein leben solltest, schaff dir nen Hund an! Der hält dich auf Trab. Morgens, mittags, abends bringt er dich raus aus deinen vier Wänden. Raus in die Natur. Und stets ist er da. Wo immer du bist, wird er sein. Und verlangt nach Streicheleinheiten. Nach Pflege. Nach Nahrung. Und er wird dir dafür seine ganze Zuneigung schenken. Ein wirklich lohnenswerter Ersatz für deine nun nutzlos gewordenen spirituellen Übungen.

Oder du engagierst dich für Flüchtlinge. Besuchst sie. Lernst ihre Sprache. Machst sie ein wenig vertraut mit unserer westlichen Lebensweise. Vielleicht schreddern sie ja sogar das Koranbuch. Freilich ohne dass du dich darum bemühst.

Ich kenne eine Dame, die seit ihrer Desillusionierung Sterbende begleitet. In einem Hospiz. Das bereitet ihr große Freude, weil das Sterben an sich kein Problem für sie darstellt.

Es spricht freilich auch nichts dagegen Satsang oder spirituelle Events zu besuchen! Nicht mehr jedoch, um was zu erreichen, sondern weil du die Atmosphäre genießt. Es gibt allerdings nur einige wenige Gurus, bei denen es stets um nichts geht und durch die sich diese Klarheit vermittelt! Viele, die täglich seit Jahren meine Abo-Texte lesen und auch immer wieder einmal meinen Event besuchen, sind schon desillusioniert und genießen lediglich die Essenz.

Es gibt nichts, was du nicht tun dürfest! Sport, ob zuhause oder im Fitness-Studio, Wandern, Bergsteigen, Schwimmen, Surfen, Gartenpflege, Skifahren, Reisen, Münzen sammeln, Trommeln, Tanzen, Musik machen oder selbst mit einem Software-Programm Musik komponieren, dich in die Schwitzhütte setzen, eine Safari mitmachen, Bootfahren, Segeln, ein Tierheim eröffnen, einen Webshop für natürliches Hunde- und Katzenfutter, Accessoires oder maritime Wandkunst gründen und betreiben, Romane lesen, Filme anschauen, dazu brauchst du nicht mal einen Fernsehapparat. Ein Bildschirm genügt, wenn du Streaming Media nutzt. Tausende von Filmen, Hunderte von Serien stehen dir jederzeit zur Verfügung. Keine Unterbrechung durch Werbung! Und wenn du eine Pause brauchst, hältst du den Film einfach an.

Folge einfach dem stärksten Impuls, den du wahrnimmst!

Du kannst nie etwas falsch machen. Natürlich ebenso auch nichts richtig. Dafür aber immer das, was sich tun soll und schon auf der Lebens-DVD steht.

Denn was immer du tun kannst, ist genau das, was du tun sollst!

Deine wahre Natur bleibt von all dem unberührt. Sie nimmt alles wahr, ist aber in nichts von alldem involviert! Daher bleibts in dir während aller Aktivitäten absolut friedlich. Sozusagen ständig in Meditation. Denn Leben ist ja bereits Mediation. Was immer erscheint, es ist nur ein Traum, den das träumt, was selbst nicht geträumt wird. Was wahrnimmt. Immer nur wahrnimmt. Nicht mehr.

Sela!

Einsamkeit

Desillusioniert gehörst du nun mal zu einer Minorität. Ich bin kein Prophet, vermag jedoch nicht im mindesten daran zu glauben, dass nonduales Bewusstsein jemals zu einer Massenbewegung wird.

Menschen werden sich von dir zurückziehen. Nicht zwingend deshalb, weil du sie zu missionieren versuchst, sondern weil sie mit der Energie, in der du nun schwingst, einfach nicht umgehen können. Mach einer, der mich als eloquenten Redner und begabten Geschichtenerzähler von früher kannte, hält mich nun für ziemlich langweilig. Schlicht deshalb, weil ich nicht mehr so viel zu erzählen habe wie früher. Und was in meinem Herzen brennt, darüber kann ich nicht mit ihnen reden, weil ich spüre, dass keine Bereitschaft dafür vorhanden ist, darüber zu sprechen.

Hinzu kommt dein eigenes Bedürfnis nach Rückzug. Denn all das, was du früher im Kontakt mit anderen Menschen suchtest, hat sich ja nun mir dir gefunden und somit erweisen sich viele deiner sozialen Aktivitäten schlicht nicht mehr als notwendig.

Allein warst du ja schon immer! Weil niemand außer dir selbst existiert. Freilich nicht als Person, sondern als das, was alle Personen, einschließlich deiner, wahrnimmt.

Und nun ist das geklärt.

Dennoch bist du ein soziales Wesen und brauchst daher soziale Kontakte. Nicht mehr so viele wie früher wahrscheinlich, doch gänzlich ohne geht's auch nicht. Einsam müsstest du dich deshalb aber nicht fühlen.

Das Gefühl einsam zu sein weicht dem All-ein-sein. Nun bist du, was du schon immer warst – nämlich alles und gleichzeitig nichts. Das hast du nur nicht gewusst, bzw. das tiefe innere, jedoch verschüttete Wissen durch allerlei Aktivitäten und soziale Kontakte unbewusst verdrängt. Das war aber damals ganz und gar in der natürlichen Ordnung der Dinge.

Wenn daher der Gedanke erscheint „Ach wie einsam bin ich doch geworden!" handelt es sich lediglich um die Restenergie deines noch nicht vollständig dekonditionierten Gehirns. Meine Empfehlung lautet, so einen Gedanken mitsamt dem damit verbundenen Gefühl schlicht wahrzunehmen. Dann wird es dich weder runterziehen noch in Aktivitäten verstricken, die sich danach meistens als unbefriedigend herausstellen.

Ich kann nicht umhin zu gestehen, dass sich mein Verlangen Freunde zu behalten oder zu gewinnen deutlich reduziert hat. Selbst mit Menschen, die ich wirklich mag oder liebe, kann ich nicht mehr allzu viel Zeit verbringen. Das ist jedoch in meiner Wahrnehmung kein Verlust, dem ich nachtrauere.

Im Grunde genommen warst du doch schon immer ein „Außenseiter!" Stimmts? Hast noch nie so richtig in die Gesellschaft gepasst. Hast es womöglich versucht, jedoch niemals wirklich geschafft. Warst traurig darüber. Frustriert. Und hast dich gefragt, wieso du nicht sein kannst wie all die anderen.

Nun, dein KörperGeistOrganismus ist eben von Anbeginn deines Daseins dazu verdonnert gewesen, der Selbstbegegnung Gottes zu dienen, um es mal salopp auszudrücken. Dein gesamtes Dasein diente und dient insbesondere diesem Zweck. Was natürlich nicht bedeutet, dass du zum Einsiedler wirst und all die schönen Dinge im Leben verachtest.

Askese ist Käse!

Anderen – und das gilt für die meisten KörperGeistOrganismen - ist es schlicht nicht bestimmt desillusioniert zu werden. Gott erfährt sich mit ihnen vor allem als auf die Existenzsicherung und Arterhaltung beschränkt. Oder als, womöglich sogar lebenslang, arm und bedürftig. Oder als für ein mondänes Leben materiellen Überflusses und Erfolgs bestimmt. Oder als an einen persönlichen Gott dogmatisch gläubig. Oder als auf ein farbloses Leben beschränkt, das mein Lieblingsautor Haruki Murakami genial in dem Roman „Die Pilgerjahre des farblosen Herrn Tazaki" beschreibt. Oder als Inkarnation des Unaufrichtigen, Heuchlerischen und Bösen. Oder mit dem Schicksal zumeist auf Kriegsfuß.

Dies alles sind weder Belohnungen noch Bestrafungen, sondern notwendige Stadien der Entwicklung im Spiel des Lebens und ein einziges Leben ist angesichts der vielen bereits stattgefundenen und noch folgenden nicht viel mehr als ein Tropfen im Meer.

Sela!

Unfehlbarkeit

Vom Prinzip her sind wir alle unfehlbar! Das ist also nicht nur ein Vorrecht des Papstes. (ROFL[42]) Denn wir denken nicht, wir werden vielmehr gedacht und da aus Gedanken Entscheidungen werden, entscheiden wir auch nicht, und da aus Entscheidungen Handlungen werden, handeln wir auch nicht.

Das Schicksal ist alles!

Und das Schicksal ist nicht deshalb unfehlbar, weil keine Fehler passieren, sondern weil es zu ihm einfach überhaupt keine Alternative gibt.

Die preisgekrönte US-Serie *Breaking Bad*, was so viel bedeutet wie „vom rechten Weg abkommen" oder „eine kriminelle Laufbahn einschlagen", beginnt damit, dass der Chemielehrer Walter White von seinem Arzt erfährt, dass er an Lungenkrebs erkrankt ist. Walter White begleitet danach seinen Schwippschwager Hank, der bei der DEA[43] arbeitet, zu einem Einsatz, bei dem ein Methamphetamin-Labor ausgehoben wird. Dabei entdeckt er seinen ehemaligen Schüler Jesse Pinkman, als der gerade vom Tatort flieht. Walter sucht Jesse später auf und zwingt ihn dazu, sein Partner bei der Produktion von Methamphetamin zu werden. Jesse soll vor allem die von Walter produzierte erstklassige Droge verkaufen. Mit dem Erlös will Walter die von seiner Krankenkasse nicht finanzierte, enorm teure Behandlung bezahlen und eine Rücklage für die Familie bilden, falls er trotz Behandlung nicht überleben sollte.

Nichts im Charakter von Walter White, der seinen behinderten Sohn und seine Frau liebt, deutet daraufhin, dass er schließlich zu einem

---

[42] Internetabkürzung. Steht für "*Rolling On the Floor Laughing*" und bedeutet übersetzt in etwa *Kugelt sich vor Lachen*.
[43] *Drug Enforcement Administration*; deutsch „Drogenvollzugsbehörde".

mächtigen Drogenboss und Mörder werden wird. Seine Motive erscheinen verständlich und auf eine gewisse Weise sogar ehrenwert. Doch das Drehbuch ist unerbittlich. Seine Rolle ist eisern festgelegt. Walter White, der biedere Chemielehrer und liebende Familienvater wird schließlich zu einem Monster. Hank mag es kaum glauben, als er entdeckt, dass sein Schwager, mit dem er befreundet war, mit dem er Partys feierte und dem er intimste Geheimnisse anvertraute, der Mann ist, dem er als Leiter der Drogenbehörde schon so lange auf den Fersen ist.

„Der Film ist gedreht", antwortete Ramesh Balsekar, wenn man ihn fragte, was denn der freie Wille bedeute. Zufall ist, wenn eine Tür zufällt, sag ich! Und deshalb tat Bryan Cranston nichts Falsches, sondern machte im Gegenteil alles richtig, als er den Charakter von Walter White so brillant spielte, dass der bekannte Schauspieler Antony Hopkins ihm als Hauptdarsteller folgendes schrieb:

Ich habe gerade „Breaking Bad" als Serien-Marathon gesehen – von der ersten Folge der ersten Staffel bis zu den letzten Folgen der sechsten Staffel. Insgesamt habe ich zwei Wochen lang (wie ein Süchtiger) die Serie geschaut. Ich habe so etwas noch nie gesehen. Brillant! Ihre Darbietung als Walter White ist die beste schauspielerische Leistung, die ich je gesehen habe...

Keiner kommt aus seinem Rollenspiel raus! Natürlich auch du nicht. Mit keiner Handlung oder Verweigerung, die sich mit dir spielt, liegst du daneben. Du spielst sie vielmehr brillant! Auch wenn du nur eine Nebenrolle spielen solltest. Und genau hier befindet sich die Mindfuckfalle! Insbesondere bei sogenannten Fehlleistungen. „Wie konnte dir das nur passieren?" meldet die über Jahrzehnte konditionierte Stimme in deinem Inneren! „Was bist du doch für ein Idiot!"

Womöglich hast du dich wirklich wie ein Idiot verhalten! Das anzuerkennen ist jedoch nur dann ein Problem, wenn du in die Falle persönlicher Täterschaft tappst! Und das kann insbesondere zu Beginn der Dekonditionierungsphase durchaus geschehen. Weil dein Gehirn womöglich über Jahrzehnte daran gewöhnt ist, Menschen als Handelnde zu betrachten. Und nicht als Instrument dessen, was wir ebenso Quelle wie Schicksal nennen können. Und im Gefolge mit diesem Betrug werden freilich wieder Schuldgefühle und Schuldzuweisungen erscheinen. Und dann mag sich zu allem Übel noch denken: Ach je, ich habe wohl noch gar nix begriffen!

Schon schnappt die Mindfuckfalle zu und wenn du ein Sensibelchen bist, wofür du nichts kannst, bist du womöglich am Boden zerstört. Nun, kein Problem, denn selbst dann, wenn sowas passieren sollte, wird sich die Wahrheit schließlich durchsetzen.

> Einmal desillusioniert, immer desillusioniert!

Dein Gehirn braucht offenbar noch ein wenig Zeit um die Wirklichkeit zu verinnerlichen. Es ist wie mit jedem Entwöhnungs- und Gewöhnungsprozess. Beispiel: Womöglich hast du eingesehen, dass eine Umstellung deiner Ernährungsweise ratsam wäre oder gar unumgänglich ist. Doch das KörperGeistSystem ist an die alte gewöhnt, hält sie für adäquat und wird gegen die neue rebellieren. Der Appetit nach bestimmten Speisen oder Getränken wird dir anfangs immer wieder das Wasser im Mund zusammenlaufen lassen. Erst nach einer gewissen Zeit der Gewöhnung werden diese Impulse schwächer und irgendwann werden sie nicht einmal mehr erscheinen.

Advaita-Zombies und Pseudogurus haben dir vielleicht beigebracht, dass mit der Erleuchtung alle vormaligen Denkprozesse geschreddert sind. Das ist Unfug. Vergiss diesen Quatsch!

Zweifelsfrei gibt es den Switch, um klar zu sehen:

> Das Schicksal ist alles!
>
> Und ich bin nur eine Figur, die im Bewusstsein erscheint.
>
> Selbstbestimmtes Leben ist nichts als ein Fake.

Diese Einsicht ist, wenn sie dich vereinnahmen kann, irreversibel. Der Prozess der Dekonditionierung oder der Integration, wie andere ihn nennen, folgt der Desillusionierung. Daran geht kein Weg vorbei! Jedoch - selbst in die Fallen tappst „du" nicht! Du wirst vielmehr in sie getappt! Schlicht deshalb, weil „du" nie etwas tust!

Das Schicksal ist alles!

Sela!

Informationen

zu weiterer Literatur,

Interviews und Talks auf Jetzt-TV oder YouTube

dem Texte-Abonnement,

Event und Einzelsession

von und mit Werner Ablass

findest du auf seiner Website:

www.wernerablass.de

Ein Feedback schreiben kannst du dem Autor gerne per Email:

info@wernerablass.de

Der Autor bittet seine Leser um Verständnis für seinen Wunsch,

Feedbacks ausschließlich per Email zu erhalten.

Weder per Brief noch per Anruf.

Sollten sich dem Leser Fragen stellen,

die im Buch nicht oder nur teilweise beantwortet werden konnten,

empfiehlt sich eine Einzelsession mit ihm,

die nicht nur an seinem Wohnort,

sondern auch per Skype möglich ist.

Schreibe ihm eine E-Mail, um alle relevanten Infos zur Einzel-Session

zu erhalten.

Zur konkreten Terminvereinbarung empfiehlt sich ein Anruf:

+49 7135 933777

Werner führt keine – auch keine kurzen – telefonischen

Beratungsgespräche mit Interessierten.

Weder gratis noch gegen Bezahlung.

Telefonanrufe dienen lediglich der Terminvereinbarung.

Allmylove, Werner Ablass